CAROLIN GEORGE

Und dann kam GOTT

Warum ich Glaube nie brauchte – und mich mit 42 konfirmieren ließ

BRUNNEN
Verlag GmbH · Giessen

Carolin George

Geboren 1976 in Hamburg. Studierte Angewandte Kulturwissenschaften an der Universität Lüneburg und arbeitet seit 2005 als freie Journalistin und Autorin in Lüneburg, unter anderem für WELT/WELT AM SONNTAG.

Wollte als Kind Karla Kolumna werden, die rasende Reporterin aus den Hörspielen. Gründete auf dem Gymnasium eine Schülerzeitung und absolvierte ihr erstes Praktikum bei einem Wochenblatt. Heute stellt sie in ihren Reportagen und Porträts am liebsten Menschen und ihre Geschichten vor.

© 2021 Brunnen Verlag GmbH, Gießen
Projektleitung und Lektorat: Petra Hahn-Lütjen
Umschlagfoto: Berit Neß, www.kreativ-kontor-lueneburg.de
Umschlaggestaltung: Daniela Sprenger
Satz: DTP Brunnen
Druck: GGP Media GmbH, Pößneck
ISBN Buch 978-3-7655-0765-6
ISBN E-Book 978-3-7655-7601-0

www.brunnen-verlag.de

Inhalt

Über „Und dann kam Gott"

Freiheit. Stärke. Gelassenheit. Carolin George erzählt, wie Gott ihr Leben liebevoll auf den Kopf gestellt hat. Und das macht sie so mitreißend, dass man neu versteht, warum der Glaube „ein Fenster in ein neues Universum" ist. Unbedingt lesen!

Fabian Vogt, Schriftsteller, Theologe und Kabarettist
(„Duo Camillo")

Aus einem Essay für die WELT wurde ein Buch: Carolin George beschreibt, was passierte, seit sie in einer kleinen Kapelle auf dem Land auf einmal anfing zu weinen. Obwohl sie bis dahin doch immer gut drauf war. Wie ehrlich sie am Ende gegenüber sich selbst ist, macht diesen Text aus.

Robin Alexander, stv. Chefredakteur WELT/
WELT AM SONNTAG

Konfirmation mit 42 – klingt ungewöhnlich, doch dahinter steckt eine überraschend erfrischende Glaubensgeschichte! Carolin Georges biografisches Buch ist ebenso berührend wie inspirierend!

Petra Bahr, Regionalbischöfin Sprengel Hannover der Ev.-luth.
Landeskirche Hannover. Langjährige EKD-Kulturbeauftragte.
Mitglied des Deutschen Ethikrates

Glauben und Zweifeln gehören hier genauso zusammen wie offene Fragen und Gewissheit. Ehrlich, nachdenklich und sympathisch unperfekt macht Carolin George es uns leicht, sie auf ihrem sehr persönlichen, großen Abenteuer zu begleiten. Nicht unglaublich, sondern glaubwürdig im wahrsten Sinne des Wortes!

Daniel Böcking, Journalist
und Autor „Warum Glaube großartig ist"

*Oft kommt das Glück
durch eine Tür herein,
von der man gar nicht wusste,
dass man sie offen gelassen hatte.*

JOHN BARRYMORE (1882–1942),
US-AMERIKANISCHER SCHAUSPIELER

I

Tulpen im Oktober

Ich ließ mich suchen von denen,
die nicht nach mir fragten,
ich ließ mich finden von denen,
die mich nicht suchten.

Wenn mir jemand vor zehn Jahren gesagt hätte, dass ich eines Tages traurig sein werde, wenn ich sonntags verschlafe und deshalb den Gottesdienst verpasse: Dann hätte ich gedacht, dass jeder Mensch seine eigene Fantasie haben darf.

Die Vorstellung, einen Gottesdienst zu besuchen, hatte in meinem Leben in etwa so viel Platz wie Tulpen im Oktober. Da stimmte einfach etwas nicht.

Niemals wäre ich auf die Idee gekommen, dass ich mich im Alter von 42 Jahren konfirmieren lasse, nachdem ich das mit 14 Jahren so strikt abgelehnt hatte. Niemals hätte ich damals gedacht, dass mich mein Weg eines Tages hierhin führen sollte: in Kirchen, zu Pastorinnen und Pastoren, zu Gott.

Wie auch? Ich hatte nirgendwo ein Schild gesehen, das mir den Weg hätte weisen können, eine Landkarte über diese Gegend besaß ich auch nicht, und dann gab es da noch diese vielen Sackgassen und Einbahnstraßen.

Wenn mir also jemand erzählt hätte, wie gut ich mich eines Tages mit Gott verstehen werde und wie wohl ich mich damit fühlen werde, sonntags in den Gottesdienst zu gehen: Dann hätte ich das vielleicht lieb gefunden – oder aber naiv.

Gott brauchte ich schließlich nicht. Das dachte ich ungefähr 30 Jahre lang.

Als meine Freundinnen sich konfirmieren ließen, sagte ich Nein. Ich war stolz auf meine Entscheidung, fühlte mich unabhängig und frei.

Denn mit diesem „Herrn Gott", der mir vorgestellt worden war als Kind und als Jugendliche, hatte ich nichts anfangen können. Er blieb mir fremd, ich fand nichts Sympathisches an ihm. Und den Pastor bei uns in der Hamburger Stadtteilgemeinde mochte ich auch nicht.

Keine guten Voraussetzungen also für Gott und mich. Ich hatte keinen Bedarf und keinen Bezug. Es gab nichts, was ich bei ihm suchte, und nichts, was mich hätte zu ihm führen können.

Bis ich mich eines Tages auf einem hellgrau lackierten Stuhl sitzend in einer alten Dorfkapelle aus Back- und Feldsteinen wiederfand und spürte, wie mir warme Tränen über die Wangen laufen. Die Tränen waren gekommen, einfach so. Ohne dass ich wusste, wie traurig ich eigentlich bin. Und worüber.

Das hat mich schockiert, denn Tränen war ich nicht gewohnt. Ich hatte sie jahrelang nicht zugelassen. Weinen? Das konnte ich gar nicht. Ich erschrak, was da geschah in dieser kleinen Kirche, ein wenig unheimlich war es mir auch. Doch ich spürte, dass es anders war als alles, was ich bisher kannte, was da passierte.

Als ich den ersten Schreck verdaut hatte, wurde ich neugierig. Ich begann auszuprobieren, was da wohl noch so geht in diesen für mich neuen Räumen. Und das war viel – auch wenn ich das meiste, was ich später in Kirchen erleben sollte, vorher nie bewusst vermisst hatte.

Ich fing sogar an, die neuen Gefühle zu genießen, die mir in der kleinen Dorfkapelle einen so großen Schrecken eingejagt hatten.

Denn ich merkte, dass sie mir guttun. Dass es gut ist, wenn die Gefühle einmal stärker sein dürfen als der Verstand. Dass es guttun kann, sich traurig und schwach zu zeigen anstatt immer fröhlich und stark.

Seit den ersten Tränen auf dem Kirchenstuhl habe ich so viel Neues erlebt wie noch nie zuvor in meinem Leben. Meine Sicht auf so vieles hat sich so grundlegend geändert, dass ich mittlerweile das Gefühl habe, mein ganzes Universum sei saniert, seit ich Gott nicht mehr aus dem Weg gehe. Denn genau das habe ich früher getan, und zwar ganz bewusst. Ich habe Kirchen und Gott gemieden.

Aber Gott hat einfach nicht lockergelassen. Immer wieder zeigte Gott mir, was Ersiees sein kann – jahrelang. Bis ich es endlich bemerkte.

Keine Sorge, was jetzt folgt, ist kein Buch über meine Bekehrung. Keine Geschichte darüber, dass mich der Blitz traf und ich seither beseelt-schwingenden Schrittes durch das Leben springe.

Aber ich habe etwas gefunden, das mich so gelassen macht wie noch nie in meinem Leben. Das mich frei macht, stärkt und sichert. Das mich lieben, wagen und vergeben lässt. Das mir Hoffnung schenkt, Trost und Mut. Und das mir das Vertrauen gibt, meiner Intuition zu folgen. Das alles kann ich zwar nicht zu jeder Zeit und an jedem Ort scheinbar beliebig abrufen. Aber es schenkt mir eine Ruhe, die ich bisher nie kannte.

Eine Christin in meinem Alter hat mir einmal erzählt, dass sie ganz lange dachte, sie müsse in ihrem Leben doch wohl auch mal ohne Gott klarkommen. Es ohne Gott schaffen.

Ich selbst hatte das 30 Jahre lang geschafft.

Es war verdammt anstrengend.

Und ich bin heilfroh, dass es jetzt anders ist. Denn nichts hat mich bisher weitergebracht, als zu erkennen, dass mich diese Haltung eben nicht weiterbrachte. Um mich herum ist zwar nicht alles anders seit Gott. Aber ich bin anders. Und mein Leben ist ein anderes.

2

Gottesdienst ist „mein Yoga"

*Ihr werdet traurig sein, doch eure Traurigkeit
wird sich in Freude verwandeln.*

JOHANNES 16,20

Manchmal liege ich samstagsabends im Bett und hoffe, dass ich am nächsten Morgen früh aufwache. Zwar möchte ich so lange schlafen, wie mein Körper es braucht. Ich habe auch selten Lust, mir für einen Sonntagmorgen den Wecker zu stellen. Schließlich ist Sonntag der einzige Tag in der Woche ohne Aufgaben. Diesen Tag möchte ich so frei wie möglich beginnen.

Und trotzdem liege ich samstagsabends da und hoffe, dass ich früh genug aufwache, um in den Gottesdienst gehen zu können. Da meine beiden Lieblingskirchen luxuriöserweise nur zehn Minuten Fußweg von meinem Bett entfernt liegen und der Gottesdienst um 10 Uhr beginnt, heißt früh genug aufzustehen im Notfall für mich wunderbar spät – um 9 Uhr.

Als ich einmal schon um kurz vor 8 Uhr wach wurde, blieb ich einfach liegen. Ich kuschelte mich in meine Decke und freute mich. Ich lag da und freute mich, wach zu sein, und tat nichts anderes. Als ich beschloss, nun doch das warme weiche Bett zu verlassen für Brot, Kaffee und Kirche, war es 9 Uhr. Ich hatte eine Stunde lang nichts anderes getan, außer mich darüber zu freuen, dass ich früh genug wach geworden bin, einen Gottesdienst erleben zu können.

Einen Gottesdienst! Der vor zehn Jahren für mich aus einem Bild diffuser Dunkelheit und gedrückter Stimmung bestanden hatte. Der mit der Kraft, Stärke und guten Laune von heute rein gar nichts zu tun hatte.

Der Gottesdienst ist für mich eine wahre Wohltat geworden. Ich kann die Woche innerlich Revue passieren lassen, ohne dass ich abgelenkt werde von irgendwelcher Wäsche, die aufgehängt werden, einer Spülmaschine, die ausgeräumt werden muss oder einem Telefonat, das geführt werden sollte. Der Gottesdienst ist eine Pause, die so wunderbar gefüllt ist mit Gedanken und Musik, dass ich sie nicht nur aushalten kann, sondern mich mittlerweile regelrecht nach ihr sehne.

Es gibt Sonntage, da ist alles wie früher. Da schlafe ich länger als bis 9 Uhr und es stört mich kein bisschen. Da bin ich wach und möchte trotzdem nicht aufstehen. Auch nicht um 9 Uhr. Da möchte ich lange frühstücken und nicht erst um 11.30 Uhr damit beginnen. Da möchte ich eine Radtour machen oder einen Ausflug und nicht erst um 12 Uhr losfahren. Da möchte ich einen Tag erleben, an dem ich zu keiner bestimmten Uhrzeit an einem bestimmten Ort sein muss. Und ich vermisse nichts. Auch nicht den Gottesdienst.

Aber es gibt sie eben auch: die vielen, vielen Sonntage, an denen es mir mittlerweile ein echtes Bedürfnis ist, in den Gottesdienst zu gehen. Und an denen ich traurig bin, wenn ich ihn verpasse, aus welchem Grund auch immer. Und manchmal stelle ich mir sogar den Wecker.

Denn was ich im Gottesdienst erlebe, erlebe ich an keinem anderen Ort, in keinem anderen Zusammenhang, zu keinem anderen Zeitpunkt meines Alltags. Andere erzählen mir manchmal, was sie beim autogenen Training erleben, beim Meditieren oder beim Yoga: Sie entspannen sich, lassen Gedanken los und finden zu neuen. Sie finden zu sich, finden sich selbst.

Yoga bringt Körper, Geist und Seele in Einklang und sorgt für innere Gelassenheit, lesen wir in nahezu jedem Werbeflyer. „Yoga citta vritti nirodha. Yoga ist das zur Ruhe Bringen der Gedanken im Geist", heißt es im Yoga-Sutra von Pantanjali. Wenn ich lese, was der indische Gelehrte 400 Jahre nach Christus geschrieben hat, dann denke ich: Mein Yoga ist der Gottesdienst.

Der Gottesdienst räumt meinen Geist auf und kräftigt meine Seele. Allein das ruhige Dasitzen ohne irgendetwas tun zu müssen ist eine Wohltat nach einer Woche voller Termine, Gespräche, Fragen und Entscheidungen. Ein wenig zuhören, ein wenig abschweifen, wieder ein wenig zuhören und wieder ein wenig abschweifen: Das ist eine ideale Kombination für mich.

Durch das, was ich sonntags im Gottesdienst höre, komme ich auf andere Gedanken als montags bis samstags. Und ich kann das, was mich seit Montag oder auch seit Monaten beschäftigt, einmal ganz in Ruhe durchdenken – ich sitze schließlich nicht in einer Vorlesung, sondern nehme mir die Freiheit, mit meiner Aufmerksamkeit nicht immer voll dort zu sein, was gerade vorne passiert.

Ich genieße die Musik, ganz besonders, wenn ein Chor singt, und selbst an die Orgel habe ich mich mittlerweile gewöhnt. Wirkte ihr Klang zunächst oft zu mächtig auf mich, empfinde ich ihn heute mitunter als regelrecht faszinierend.

Manchmal schenkt mir der Gottesdienst sogar einen freien Sonntag: Als ich mir einmal fest vorgenommen hatte, nach Gottesdienst und spätem Frühstück unbedingt noch etwas arbeiten zu wollen, und der Pastor in seiner Predigt vom Sabbat sprach und davon, wie wichtig es sei, mal einen Tag in der Woche nichts zu arbeiten – da habe ich entschieden, dass ich es auch noch Montag im Büro erledigen kann, was ich sonntagnachmittags zu Hause am Laptop hatte tun wollen.

Es sind Gedanken wie diese, die ich im Gottesdienst aufschnappe, spontan umsetze und dann sehr lange in mir trage. Die Idee, sich ganz bewusst einmal dafür zu entscheiden, einen Tag lang einmal wirklich gar nichts zu arbeiten, sei es für den Beruf oder den Haushalt, und keine einzige Erledigung von der langen Liste zu streichen: Diese Idee setze ich seither natürlich nicht an jedem Sonntag um. Darum geht es auch gar nicht. Aber sie ist in meinem Kopf, sie ist wertvoll – und ich habe sie aus dem Gottesdienst mitgebracht.

Und wenn ich dann noch in einer kleinen Kapelle auf dem Land sitze, mit gerade einmal einer Handvoll anderen Menschen zusammen, und ich höre, dass die Organistin für diesen Sonntag – das Thema der Predigt war Rache – eigens das Stück „Imagine" von John Lennon einstudiert hat und ich es im Orgelnachspiel nach ein paar Tönen erahne und dann erkenne: Dann bin ich begeistert. Und glücklich, dass ich mir die Mühe gemacht habe, die gemütliche warme Bettdecke wegzulegen und ohne echtes Frühstück im Magen den Weg zu dieser kleinen Kapelle auf mich genommen zu haben.

Wenn ich aus dem Gottesdienst nach Hause gehe, fühle ich mich jedes Mal besser als vorher. Es ist nicht so, dass ich jedes Mal betrübt oder mit Problemen auf der Seele den Gottesdienst besuche. Aber wenn das so ist, dann fühlt sich die Schwere nach dem Gottesdienst ein wenig leichter an. Und wenn das noch nicht möglich ist, dann habe ich nach dem Gottesdienst zumindest das Gefühl, dass ich die Schwere tragen kann.

Weil ich für eine Weile nichts habe tun müssen, nichts habe ändern müssen. Nicht das Gefühl hatte, etwas bewirken, etwas verbessern zu müssen. Sondern in diesem ruhigen Raum, in dem ich stets in dem starken Empfinden sitze, dass alles sein und alles passieren darf, und mit der Kraft, die ich dort spüre, auch in den Steinen, in der Luft und zwischen den Menschen spüre, das Gefühl bekomme, dass ich aushalten kann, was mich belastet.

Die Kraft kommt durch das Licht, das die bunt bemalten Fenster leuchten lässt, und die Sonnenstrahlen, die ihren Weg von draußen bis zu den kräftigen Säulen der großen, alten Kirchen finden. Sie kommt durch das Holz der Bank unter mir, durch die Worte in den Predigten und Liedern – und sie kommt im Abendmahl.

Etwas, das ich zu Beginn meiner Gottesdienstkarriere als unheimlich empfand, das mir sehr fremd gewesen ist. Das ich mittlerweile sehr genieße und von dem ich mit einem warmen Gefühl im Körper zurück zu meinem Platz gehe; dem guten Gefühl, dass jetzt etwas anders ist als vorher, sei es auch noch so unbestimmt und klitzeklein.

Es ist nicht so, dass ich in jedem Gottesdienst das Gefühl habe, auf Gott zu treffen. Es gibt auch Gottesdienste, da bleibe ich innerlich ein wenig fern – sei es, weil mich die Predigt nicht anspricht oder weil mir der Kirchenraum fremd bleibt, weil ich zu abgelenkt bin und mich nicht recht einlassen kann auf das, was gerade passiert, weil ich doch immer noch zu unruhig und rastlos in meinem Inneren bin.

Es ist aber immer so, dass mich die Ruhe, die Rituale, die Musik und die Worte, die ich während des Gottesdienstes höre, und die Gedanken, die ich mir während des Gottesdienstes selbst mache, die Kirche anders verlassen lassen, als ich sie betreten habe. Ich gehe regelmäßig mit Gedanken nach Hause, die ich mir zuvor noch nie gemacht hatte und auf die ich durch die Predigt oder durch Liedtexte gekommen bin. Ich lerne Sichtweisen und Perspektiven kennen, mit denen ich außerhalb von Kirchen nicht in Kontakt komme.

Als ich nach der vorübergehenden Schließung der Kirchen aufgrund der Corona-Pandemie meinen ersten Gottesdienst besuchte, kamen mir die Tränen. Allerdings nicht vor Rührung, Trauer oder Freude, so, wie ich es sonst in Kirchen erlebe.

Sondern vor Verzweiflung. Die Kirchen, mein gefundener Ort, an dem bisher alles sein durfte, alles passieren durfte – sie konnten dieser Ort auf einmal nicht mehr sein. Wie sehr ich die Freiheit in Kirchen zuvor genossen hatte, wurde mir schmerzhaft klar, als diese Freiheit auf einmal nicht mehr unbegrenzt vorhanden war, sondern innerhalb von auf einmal sehr klar abgesteckten Grenzen verlief: mit Maske und Abstand, ohne Gesang, ohne Abendmahl, ohne die Hand zum Nachbarn mit dem Wunsch „Friede sei mit dir".

Das Gefühl war furchtbar. Die Kirche als Raum der Freiheit schien für mich verloren. Erst Monate später konnte ich Gottesdienste wieder genießen, und zwar auch ohne Abendmahl und eigenen Gesang. Meine Lieblingskirchen hatten zwischenzeitlich umgestellt auf einzelne Solosängerinnen und -sänger sowie kleine Ensembles, und ich bekam das Gefühl, jeden Sonntagmorgen ein Konzert geschenkt zu bekommen. Die Gottesdienste wurden zu meiner Wohltat der Woche. Diese eine Stunde am Sonntagmorgen bildete eine starke, ruhige, Kraft gebende Konstante inmitten einer sich permanent verändernden Umgebung.

Gott kommt immer mit, wenn ich die Kirche verlasse – ob wir uns drinnen begegnet sind oder nicht. Meine Füße sind leichter als auf dem Hinweg, mein Rückgrat ist stabiler, mein Kinn höher. Ich fühle mich gestärkt, so oder so. Wenn ich ohnehin schon frohen Mutes hingegangen bin, kann ich danach das Glück noch stärker spüren, wie gut es mir geht in diesem Moment, an diesem Sonntag, in dieser Zeit, in diesem Leben. Wofür ich dankbar bin und was ich bereits erlebt und durchlebt habe.

Was schwierig war oder ist, empfinde ich in solch einem Moment nicht mehr als Störfaktor eines geglückten Alltags, sondern als organischen Teil dessen. Etwas, das dazugehört, ganz natürlich, und für das nicht immer bloß mein Ziel sein kann, es möglichst schnell loszuwerden. Sondern mit dem ich Frieden geschlossen habe.

Dieser Frieden bleibt zwar nicht immer und überall bestehen. Manche Unbill und manche Erinnerung, eigene Schuld und eigenes Handeln wäre ich trotz aller Gottesdienste, die ich bisher besucht habe und vermutlich auch die ich jemals besuchen werde, eben doch am liebsten einfach los.

Die Quote meines inneren Friedens ist trotzdem spektakulär: Denn bevor ich überhaupt begann, sonntags mitunter in einen Gottesdienst zu gehen, habe ich diesen Frieden zu keinem Zeitpunkt und an keinem Ort gespürt.

Manchmal hat dieses Gefühl nach dem Gottesdienst sogar etwas Erhebendes. So, wie wir unsere Herzen vor dem Abendmahl zum Herren erheben sollen. Dann spüre ich förmlich die innere Kraft, wie sie aus meiner Seele durch die Fäden meiner Zellen bis zu meiner Haut fließt. Klar kräftige ich auch gern meine Faszien. Und gern auch beim echten Yoga. Aber nichts lässt mich so ruhig und stark zurück wie ein Gottesdienst.

Dabei hatte ich doch als Kind beschlossen, nie wieder eine Kirche betreten zu wollen.

3

Da will ich nie wieder hin

Wo der Geist des Herrn ist,
da ist Freiheit.

2. KORINTHER 3,17

Meine Entscheidung gegen Gott fiel ziemlich früh. Ich war noch
ein Kind, da erlebte ich in der Kirche etwas, das ich so unangenehm fand, dass ich eine schnelle, eindeutige Entscheidung traf:
Eine einzige Situation reichte, und ich war weg – sowohl emotional als auch körperlich. Ich sollte nämlich etwas tun, obwohl ich
das nicht wollte. Und ich mochte es noch nie, wenn mir jemand
sagt, was ich tun soll – es sei denn, ich selbst will das auch.

Es mag wirken wie eine Kleinigkeit, aber für mich war es eine
Welt. Ein Eingriff in meine Freiheit. Und mein eigener Wille war
mir schon als Kind wichtiger als der Wunsch, es anderen recht zu
machen.

Die Überschreitung meines Tanzbereichs bestand in einer ganz
einfachen Sache: Ich sollte zum Beten die Hände falten. Das
Problem war allerdings, dass ich noch nicht einmal richtig verstanden hatte, was Beten eigentlich bedeutet. Dieser Begriff wurde
ganz einfach benutzt, aber erklärt hatte ihn mir niemand. Und als
ich zu dem Pastor in der evangelischen Kirche unseres Hamburger
Stadtteils sagte, ich wolle meine Hände nicht falten, antwortete er
mir doch allen Ernstes, ich müsse das aber tun.

Ich saß also auf dieser Kirchbank, der Pastor hatte gesagt, wir würden jetzt beten und dazu die Hände falten. Und dann blickten alle betreten zu Boden. Ich wusste nicht, was das bedeutet, Beten, ich wollte meine Hände nicht falten, ich wollte auch nicht nach unten blicken. Ich hatte einfach keine Lust dazu, und daher tat ich es auch nicht. Der Pastor aber ließ mich nicht gewähren, ließ mir diese Entscheidung nicht frei. Er bestand darauf, dass ich die Hände falte.

Wie die Situation ausging, ob ich bockig-wütend die Kirche verließ (was ich mir durchaus zutraue) oder eben doch tat wie vorgeschrieben, nur eben widerwillig: Das weiß ich nicht mehr. Ich weiß nur noch, dass ich danach ein sehr klares Gefühl hatte: Da will ich nie wieder hin. Da, wo ich gemaßregelt werde und mir Anweisungen gegeben werden ohne sie zu erklären.

Diesem „da" habe ich keine weitere Chance gegeben. Also zum Beispiel einer anderen Kirche oder einem anderen Pastor. Für mich war das alles eins. Ein Kirchengebäude war damals ein Ort der Unfreiheit für mich. Und es gab zu jener Zeit keinerlei Anzeichen dafür, was ein solches Gebäude drei Jahrzehnte später für mich bedeuten sollte: ein Ort, an dem die größtmögliche innere Freiheit herrscht.

Später, als Erwachsene, bekam ich immer mal wieder die Bestätigung für das, was ich mir über die Jahre hinweg als Meinung aufgebaut hatte: „Kirche" mag ich nicht. „Kirche" will über die Menschen bestimmen, und das mag ich nicht.

Als ein Schulfreund heiratete, es war eine katholische Trauung, formulierte der Pfarrer ganz selbstverständlich den Sinn dieser Beziehung in den zukünftigen Kindern, die Gottes Wille seien. Ich empfand die Reduzierung der Ehe auf die Reproduktion als furchtbar. Bekommt eine kinderlose Liebe denn keinen Segen?

Als der Pastor diesen Moment dann noch einen „Point of no return" nannte, schnürte sich mir die Kehle zu.

Ich kenne eine Frau, deren Mann sie nach vielen Jahren Ehe verließ und die Scheidung wollte. Zum Schmerz des Verlassenwerdens und dem ungewollten Abschied von einem Lebenskonzept kam für die Frau die Strafe der katholischen Kirche dazu. So jedenfalls fühlte es sich für mich an, als sie mir von ihren Erlebnissen erzählte. Denn vor dem Amtsgericht wurden die beiden zwar geschieden. Aber anstatt Unterstützung in ihrer schwierigen Lage zu bekommen, vielleicht sogar ein wenig Trost, bekam sie von der Pfarrsekretärin eine zweite Ohrfeige: Für die Kirche sei sie ihr Leben lang mit diesem Mann vereint. Vereint mit einem Mann, der sich gegen das gemeinsame Leben mit ihr entschieden hat.

„Kirche" war damals ein diffuses Ganzes für mich, obwohl es sich natürlich nur um wenige Erfahrungen mit einzelnen Pastoren oder anderen Repräsentanten dieser Institution handelte. Ich habe das damals nicht getrennt. Ich habe damals auch noch nicht darüber nachgedacht, ob es einen Unterschied geben könnte zwischen „der Kirche", in deren Settings ich mich so unwohl gefühlt hatte – und Gott. Für mich waren diese Erlebnisse „die Kirche", und in „der Kirche" fühlte ich mich nicht wohl.

Dass es viele Jahre später Pastorinnen und Pastoren geben würde, deren Worte mich wirklich interessieren und die mir weiterhelfen, ob in Alltagsfragen oder den ganz großen Themen des Lebens, damit rechnete ich damals überhaupt nicht.

Und dass da ja auch noch Gott ist, den ich vielleicht ganz unabhängig von diesen Pastoren kennenlernen könnte: Für so einen Gedanken hatte ich keinen Platz in meiner Kiste, die mit meiner Haltung zu Gott, Glaube und Institution Kirche schon so vollgestopft war, dass nichts Neues mehr hineinpasste.

Ehrlich gesagt hatte ich damals auch gar keine große Lust, die Kiste leerzuräumen und von vorne anzufangen, sie zu packen. Meine Aufmerksamkeit lenkte ich auf andere Dinge, und die Sache war für mich erledigt. Gott war kein Thema für mich, mit „Kirche" wollte ich nichts zu tun haben.

> *Der Herr schaut vom Himmel herab auf die Menschen. Er möchte sehen, ob es einen unter ihnen gibt, der verständig ist, einen, der nach Gott fragt.*
>
> PSALM 14,2

Tja, ich gehörte nicht zu den verständigen Menschen. Ich selbst habe auch nichts hinterfragt von dem, was mir damals erzählt worden war – ich habe es lediglich gehört und stante pede kritisiert. Ich habe nicht gefragt, was genau es eigentlich bedeuten soll, was „die Kirche" da äußert, ob es vielleicht anders gemeint war, als ich es verstand, und was als Grundidee hinter diesen Äußerungen steht. Ganz ehrlich gesagt hat mich das damals auch gar nicht interessiert. Im Gegenteil: Ich war einfach nur froh, in meiner Meinung bestätigt zu werden.

Ich habe nicht unterschieden zwischen Gott und meinen Erlebnissen mit „der Kirche". Ich habe auch die Loslösung der einzelnen Vertreter der Institution Kirche vom großen Ganzen nicht in Betracht gezogen. Habe nicht hinterfragt, was ich da gehört und erlebt hatte, welche Hintergründe es haben könnte. Ich spürte nur, dass ich mich unwohl fühlte in Kirchen und bei dem, was ich von Kirche hörte. Das „Warum" interessierte mich damals nicht. Über Gott habe ich mir zwar mitunter Gedanken gemacht, aber nur darüber, was ich von anderen Menschen über Gott gehört hatte. Und das war nichts, was mich stärkte oder tröstete, was mir Halt gab.

Nach Gott gefragt, wirklich gefragt habe ich nie. Zum Glück ist Gott verständiger als ich.

Meine Haltung zu den damals erlebten Dingen ist übrigens heute dieselbe wie damals. Einen Pastor, der einem Kind Anweisungen gibt und den Grund dafür nicht erklärt, finde ich heute genauso untragbar wie vor 35 Jahren. Eine Eheschließung als „Point of no return" zu bezeichnen, löst bei mir noch immer die spontane Verdickung meines Halses aus. Eine verlassene Ehefrau mit Vorwürfen zu konfrontieren, anstatt sie in ihrer schwierigen Situation zu stützen, und einem Menschen nicht seine freie Entscheidung zuzugestehen: Das hat für mich nichts mit einem menschlichen Miteinander in Respekt und auf Augenhöhe zu tun.

Ich empfinde heute eine ganz ähnliche Distanz zu diesen Erlebnissen wie damals, meine Haltung ist nicht weniger kritisch. Eine Sache aber hat sich geändert seitdem: Meine Kritik an dem Erlebten hält mich nicht mehr davon ab, mit Gott und als Mitglied der evangelisch-lutherischen Kirche zu leben. Zum Glück.

Zum Glück weiß ich heute, dass der Glaube das Entscheidende ist. Zum Glück kann ich heute unterscheiden zwischen Einzelpersonen und einem Gesamtgefüge. Zum Glück ist mein Blick heute differenzierter. Zum Glück muss Kritik bei mir heute nicht mehr automatisch auch Ablehnung bedeuten. Und zum Glück stelle ich heute immer häufiger die Frage nach dem Warum.

Der Grund dafür ist simpel: Die positiven, stärkenden Erfahrungen, die ich mit Gott, in Kirchen und mit Menschen der Institution Kirche in den vergangenen Jahren gemacht habe, überwiegen mit aller Deutlichkeit gegenüber denjenigen, die mich von der Kirche ferngehalten hatten.

Wenn ich vor einigen Jahren nicht die seelsorgerische Unterstützung einer Pastorin bekommen hätte, ohne überhaupt Mitglied der Kirche gewesen zu sein: Ich weiß nicht, wie ich mit der Situation klargekommen wäre, in der ich mich damals befand und für die ich alleine keine Lösung fand. Wenn ich nicht gelernt hätte, was Vergebung ist, wäre ich über bestimmte Verletzungen, Schuldgefühle und innere Zwiespälte niemals hinweggekommen. Ich wäre zwar vermutlich noch heute der zufriedene, fröhliche Mensch, der ich schon immer gewesen bin. Aber meinen Frieden hätte ich ohne Vergebung niemals gefunden.

Ich habe erlebt und erlebe es immer wieder, wie ehrlich der Umgang mit Menschen sein kann, die mit Gott leben. Wie viel weniger Masken nötig sind, wie authentisch Menschen miteinander sein können, wenn sie sich vertrauen, und wie offen sie darüber sprechen können, was sie bewegt. Dass sie vertraulich mit Anvertrautem umgehen und dass sie eher auch einmal zugeben, was sie nicht so gut können. Dass sie um Unterstützung bitten und ihrerseits unterstützen, ohne eine Gegenleistung dafür zu erwarten. Jedenfalls habe ich das mit Christen so erlebt.

Außerdem weiß ich nicht nur sehr zu schätzen, was die Institution Kirche für andere leistet, sondern auch, was sie mir ganz persönlich bietet: Räume, in denen ich mich wohlfühle, Musik ohne Eintrittskarten, Impulse und Gedanken – und Menschen, die mit mir über meine Fragen, Sorgen und Nöte sprechen, mit Respekt und auf Augenhöhe, mit Stärkung und Rat. Im Gottesdienst, oder auch wenn ich allein mit Gott irgendwo bin, treffe ich auf Trauer und Trost, Demut und Dankbarkeit. Ich fühle mich frei und friedlich, mutig und stark. Warum? Weil ich spüre, dass ich nicht allein bin.

4

Gott, der Strippenzieher

Ach, Herr, reiß doch den Himmel auf
und komm zu uns herab!

JESAJA 63,19

Bis ich Gott als etwas Stärkendes in meinem Leben wahrnehmen konnte, hat es lange gedauert. Als mich meine Erlebnisse mit der katholischen Kirche schockierten, war ich bereits erwachsen. Als ich in der evangelischen Kirche meine Hände falten sollte, war ich ein Kind.

Als ich Jugendliche war, da hörte ich von einem Gott, der mir vorkam wie etwas, das alles in der Welt unter Kontrolle hat. Alles in der Welt beeinflussen kann. Den man anbeten kann, damit er Einfluss übt. Von dem man enttäuscht sein kann, wenn er es nicht tut – und an dem man deswegen auch immer mal wieder zweifelt.

Ich habe damals viel von Gott gehört: Gott, der Kriege zulässt. Gott, der Krankheiten zulässt. Unfälle. Hungersnöte, Ungerechtigkeit und Unglücke. Der zulässt, dass Kinder verhungern, misshandelt und ermordet werden. Dass Menschen krank werden, Schmerzen haben und sterben, die sich ihr Leben lang für andere eingesetzt haben. Oder Menschen, die noch sehr jung sind und denen alle um sie herum noch viele Lebensjahre gewünscht hätten. Die Kinder haben. „Warum lässt Gott das zu?" Immer wieder hörte ich diese Frage. Und niemand hatte darauf eine Antwort.

Und dann war da noch der Gott als Richter. Der bestraft, wenn ein Mensch etwas falsch gemacht hat. Der am Tor zum Himmel entscheidet, ob der verstorbene Mensch in den Himmel oder in die Hölle kommt – je nachdem, wie viele Fehler dieser Mensch in seinem Leben gemacht hat und wie oft sich dieser Mensch falsch verhalten hat.

Auf der anderen Seite machte dieser Gott aber auch Erfolge möglich. Er war dafür verantwortlich, wenn einem Menschen etwas gelingt, verteilte Glück, Talente und Begabungen, sogar Freundschaften.

Nichts von alledem passte mir. Mir kam dieser „Gott" vor wie ein Strippenzieher, ein Marionettenspieler, der da oben im Himmel die Fäden zieht und darüber entscheidet, was hier unten passiert und was nicht passiert. Der etwas zulassen und damit auch etwas verhindern kann.

Dass es so etwas gibt, konnte ich mir beim besten Willen nicht vorstellen. Wie soll jemand oder etwas ein Auge darauf haben, was mit jedem einzelnen der Milliarden Menschen auf der Welt zu jeder Zeit geschieht? Das wäre doch schließlich nötig, wenn man verhindern oder zulassen kann, dass ein Mensch mit seinem Auto von der Fahrbahn abkommt.

Oder?

Das kann niemand können. Das war die einzige Antwort, die ich mir als Mittelding zwischen Kind und Teenager auf meine Fragen geben konnte. Die logische Konsequenz war für mich: Gott ist etwas, an das ich nicht glauben kann. Und an das ich auch gar nicht glauben will.

Denn ich wollte nicht, dass jemand oder etwas da oben darüber entscheidet, was mir passiert und was nicht, was ich kann und was nicht, was mir glückt und was nicht. Ich wollte keine Marionette sein. Ich wollte selbst beeinflussen, was mit meinem Leben passiert. Wollte selbst verantwortlich sein. Ich wollte, wenn mir etwas gut gelang, selbst darauf stolz sein können, anstatt die Lorbeeren einem „Gott" zu überlassen, ohne den ich das ja niemals geschafft hätte. Ich wollte selbstbestimmt sein, wollte die Wirksamkeit meines Tuns und Lassens ganz allein auf mich und mein Handeln beziehen. Ich wollte nicht, dass irgendein „Gott" über mich bestimmt. Ich wollte frei sein.

Es fühlte sich damals für mich an, als sei Gott vor allem etwas, das mich einschränkt. Und das mich klein hält.

Dass ich noch viel freier sein würde mit Gott als ohne, dass ich mit Gott wachsen werde in Bereichen, die ich ohne Gott niemals betreten hätte, das kam mir überhaupt nicht in den Sinn. Dass ich eines Tages an einen Punkt im Leben kommen könnte, an dem ich mit meiner ganzen großen Eigenverantwortung, meinem Wunsch nach Einfluss darauf, was geschieht, nicht weiterkomme; dass ich eines Tages auf etwas hoffen müsse, so unbestimmt es auch ist, mich auf etwas verlassen müsse (und will!), das ich nicht selbst beeinflussen und schon gar nicht unter Kontrolle habe, in eine Situation gerate, in der ich ohne eine andere Kraft, ohne Unterstützung von anderswo weder ein noch aus wissen sollte: Auf diese Idee kam ich ebenfalls nicht.

Und dass Gott noch etwas ganz anderes sein kann als ein Strippenzieher und Richter, schon gar nicht.

5

Dazwischen

*Du hast dich müde gemacht
mit der Menge deiner Pläne.*

JESAJA 47,13

Die Zeit zwischen meinem klaren „Nein" zur Konfirmation mit
etwa 14 Jahren und meiner Konfirmation im Alter von 42 Jahren
war eigentlich ganz in Ordnung.

Viele Menschen sprachen davon, dass die Sonne aufgehe, wenn
ich einen Raum betrete, sie formulierten, wie gut ihnen der Kontakt
mit mir tun würde. Ich war so etwas wie „immer gut drauf". Gut ge-
launt und motiviert, optimistisch, voller Kraft und Tatendrang. Ich
war beliebt, bei Mitschülern und Lehrern und den Freunden meiner Eltern, sie fanden es toll, wie freundlich dieses kleine Mädchen
war und wie aufgeweckt und ohne jede Schüchternheit es mit ihnen
sprach. Ich spielte Klavier und machte Sport, interessierte mich für
alles Mögliche und ging gern zur Schule. Ich war Klassensprecherin
und Mitgründerin der Schülerzeitung, organisierte im Freundkreis
die erste Party überhaupt: Sie fand bei uns zu Hause im Keller statt
– meine Eltern waren so cool und hatten doch tatsächlich einen offiziellen Party-Keller mit Teppichen an den Wänden und Souvenirs
aus fernen Ländern. Ich bespielte Kassetten mit Musikstücken in einer genau durchdachten Reihenfolge und überlegte, wie ich dafür
sorgen könne, dass getanzt wird – und hatte Erfolg.

Ich hatte keine Ängste und machte mir keine Sorgen. In der Schule hatte ich null Probleme, ich liebte die Fächer Latein und Deutsch, rechnete mir meinen möglichen Abi-Durchschnitt niemals aus und machte trotzdem einen guten, und bei der offiziellen Feierstunde unseres Jahrgangs hielt ich die Abschlussrede. Danach studierte ich ohne große Mühen in einer meiner Heimat nahe gelegenen Stadt. Ich besuchte weiter regelmäßig meine Oma, ging mit ihr einkaufen und half in Haus und Garten, traf weiter meine alten Schulfreunde und behielt den Freund, mit dem ich im Alter von 18 Jahren zusammengekommen war.

Ich war der Sonnenschein. Die Beliebte, die Begabte. Die Pflegeleichte, die Unproblematische. Das Organisationstalent. Die, die sich hinstellt und eine Rede schwingt. Die, der scheinbar alles gelingt. Und bei all der guten Laune merkte ich gar nicht, was mir eigentlich fehlte.

Ich spürte nicht, wie selten ich mich wirklich wohl in meiner Haut fühlte. Das fing ganz wörtlich und physisch mit meinem Körper an. Ich war der Geist, er war das Fleisch. Fleisch, das mir fremd war. Das ich nicht mochte. Mein Körper und ich bildeten keine Einheit, ich spürte ihn noch nicht einmal richtig. Ich bestand nur aus Gedanken, am liebsten hätte ich das Fleisch um mich herum abgeschüttelt und als Luftwesen existiert. Eine Einheit aus Körper, Geist und Seele gab es nicht.

Auch in meiner langjährigen Beziehung fühlte ich mich nicht wohl in meiner Haut. Nach ein paar Jahren spürte ich, dass dieser Mensch, der der erste richtige Partner an meiner Seite gewesen war, mir nicht guttut. Aber ich fand keinen Ausweg aus dem Leben, das ich gewählt hatte, fand nicht die Kraft, die es gebraucht hätte, den Weg zu verlassen und einen neuen zu gehen, den ich nicht kannte und von dem ich keine Vorstellung hatte.

Zu lange hatte ich schon mit diesem Menschen gelebt, zu vertraut war er mir geworden, zu genau wusste ich, wie das Leben mit ihm ist. Zu wichtig waren die Schritte gewesen, die ich mit etwa 18 Jahren mit ihm gegangen war, zu viele Hürden hatte ich überwunden, zu viele Konflikte seinetwegen gehabt, als dass das alles hätte umsonst sein sollen. Denn das wäre die Zeit ja gewesen, hätte ich sie beendet – das dachte ich damals.

Die Kritiker hätten recht bekommen und ich unrecht. Denn Kritiker hatte es von Anfang an gegeben. Sie hatten formuliert, dieser Mensch sei nicht gut genug für mich, eine Beziehung mit so jemandem unter meiner Würde. Natürlich hatte ich das anders gesehen. Und wollte nicht, dass sie ihre Bestätigung bekommen. Ich wollte ihnen beweisen: Er ist sehr wohl gut genug, und er wird allen zeigen, wie gut er in Wirklichkeit ist. Dass sein bisheriges Verhalten nicht sein ganzes Wesen widerspiegelt, sondern er im Inneren anders ist und das bald auch nach außen zeigen wird. Wenn ich mir nur genug Mühe gebe und ihn ausreichend unterstütze, dann wird alles gelingen. Er wird sein Leben ändern und allen zeigen, was Positives in ihm steckt. Dass er seine Energie und Intelligenz viel besser nutzen kann, als er es damals tat. Ich hatte so viel positives Potenzial in diesem Menschen gesehen, dass ich den Gedanken nicht aushielt, mich geirrt zu haben.

Mir fehlte damals, was ich heute habe: der Mut, mir Fehler einzugestehen und mich anderen damit anzuvertrauen; das Vertrauen, dass es in Ordnung ist, diesen Fehler gemacht zu haben; die Hoffnung, dass ich auch mit diesem Fehler leben können werde, ohne ihn auszumerzen, und die Kraft, mir allein einen neuen Lebensweg zu suchen – im Vertrauen darauf, dass ich Unterstützung dabei bekomme, von wem oder aus welcher Quelle auch immer.

Denn mir fehlte noch etwas. Etwas, das ich trotz aller positiven Rückmeldungen zu meinem Wesen niemals selbst empfunden hatte: dass ich gut so bin, wie ich bin. Im Gegenteil hatte ich immer das Gefühl gehabt, ich würde nicht reichen. Ich sei zwar im Grunde schon ganz toll, also pflegeleicht und schlau, musikalisch und sportlich, fröhlich und freundlich. Aber irgendetwas fehlte immer. Ich hatte niemals das Gefühl, im Ganzen, also wirklich im gesamten Ganzen, mit allem Fehlerhaften und Minderwertigen, gut zu sein.

Ich nahm mich nicht im Ganzen an. Ich liebte mich nicht. Stattdessen wollte ich alles richtig machen, ständig ein besserer Mensch werden; ich wollte alle Dinge zum Guten wenden, wollte machen, dass es allen anderen gut geht. Und hatte keine Ahnung, dass das überhaupt nicht möglich ist.

Zwar habe ich gemerkt, dass ich manchmal einfach nur heulen könnte. Und dann wie das viel beschriebene Häufchen Elend dasaß und wirklich einfach nur heulte.

Doch ließ ich das niemals lange zu. Ein paar Minuten, dann riss ich mich innerlich so stark zusammen, dass ich beschloss, mit dem Weinen aufzuhören. Das tat ich dann tatsächlich und lebte den Alltag einfach weiter. Machte einfach weiter, als sei nichts. Als sei alles in Ordnung.

Oft aß ich auch etwas zum Trost. Ich aß viel in jener Zeit. Nach etwa zehn Jahren bestand mein Körper aus ungefähr anderthalb Mal so viel Fleisch wie vorher. Ich aß so viel, dass ich in etwa mein halbes Körpergewicht zunahm. Ich wusste mit dem Weinen nichts anderes anzufangen. Ich wusste nicht, wohin damit. Wie ich mit der schlagartig in mir aufsteigenden Verzweiflung umgehen sollte. Wie ich die Fragen, die sich mir in diesen Momenten stellten, beantworten sollte und die Probleme, derer ich mir in diesen Momenten bewusst wurde, lösen sollte.

Ich wusste nicht, dass traurig sein guttun kann, dass Weinen reinigen und helfen kann. Ich hatte nichts, was mich trug in diesen Momenten. Was mich beruhigte. Ich spürte nur: Ich weiß nicht, wie ich das, was mich da so traurig machte, ändern sollte. Gerade wenn es Beziehungen zu anderen Menschen waren, die mir einfach nicht gelingen wollten. In denen es immer wieder zu Konflikten kam, immer wieder zu Ansprüchen, Erwartungen, Vorwürfen. Und ich keine Idee hatte, wie ich das ändern sollte. Hätte ich sie gehabt, ich hätte alles dafür getan, sie umzusetzen. Damit alles gut wird. Doch es gelang mir einfach nicht.

Ich habe mein System daher hart gemacht. Wenn ich mich heute als ein Brot beschreiben würde, mit einer herrlich krossen Kruste, die mich schützt, und einem wunderbar weichen Kern, der mich fühlen lässt, dann hätte ich damals vermutlich ein Knäckebrot sein wollen. Schön hart und unverwundbar. Ohne diese blöden, weil überfordernden Gefühle.

Natürlich gelang auch das nicht.

Und als ich nach mehr als zehn Jahren meine schon viele Jahre zuvor getroffene Entscheidung dann schließlich durchzog, die Beziehung zu beenden, machte ich mir Sorgen darum, wie es weitergehen sollte mit dem Leben – nicht mit meinem, sondern mit seinem. Anstatt dem anderen Menschen sein Leben selbst zu überlassen, kümmerte ich mich weiter. Versuchte weiterhin, ihn abzusichern. Ihn auf einen neuen, besseren Weg zu begleiten. Und bloß niemandem davon zu erzählen, wie schwierig die Situation für mich war, wie schlecht es mir gerade ging.

Ich musste einen ganz neuen Menschen kennenlernen, mit diesem Menschen mir bis dahin völlig unbekannte Erfahrungen machen, damit ich mich aus dieser Situation, diesem selbst geschaffenen Zwang, dieser selbst aufgetragenen Aufgabe lösen konnte.

Mein Gott hat seinen Engel gesandt. Er hat den Rachen der
Löwen verschlossen, darum konnten sie mir nichts anhaben.
Daniel 6,23

Den Menschen, die schon seit Jahren um mich herum gewesen
waren, konnte ich nichts von meiner elendigen Situation erzählen. Zu lange hatten sie uns beide zusammen gekannt, zu peinlich
war es mir, wie nun alles endete. Zu sehr schämte ich mich, wie
falsch ich gelegen hatte und wie viel ich in diesen Menschen inves-
tiert hatte. Ich konnte das einfach niemandem erzählen, der mich
schon lange kannte.

Es musste jemand ganz Neues sein. Der anders ist als alle anderen Menschen, die ich bis dato kannte. Der mir andere Fragen
stellt und nicht lockerlässt, wenn meine Antworten schwammig
bleiben. Der aushält, wenn ich weine. Der mich auffordert, weiter
zu weinen. Der mir verbietet, mit dem Weinen aufzuhören. Und
der mir manchmal einfach sagt, was ich gerade zu tun habe. Denn
das wusste ich damals oft nicht.

Ich behaupte: Diesen Menschen hat mir Gott geschickt. Denn
diese Frau, die ich kurz vor meinem 30. Geburtstag kennenlernte,
machte mir klar: Ich kann diesem Mann nicht helfen. Nur er
selbst kann sich helfen. Und das Beste, was ich für ihn tun kann,
ist, ihn sich seiner eigenen Verantwortung für sein Leben zu über-
geben. Ihm nichts mehr abzunehmen. Einen letzten Tipp für eine
Anlaufstelle zur Beratung zu geben – und dann die Leinen loszulassen. Diese Frau hat mich gerettet. Mich befreit aus dem Gefühl,
für das Leben dieses anderen Menschen verantwortlich zu sein, dafür, dass es ihm gut geht und er einen guten Weg findet.

Mittlerweile weiß ich, dass meine Ambitionen von damals nicht
nur unmöglich waren umzusetzen: also alles richtig zu machen,

alle Dinge zum Guten zu wenden und dafür zu sorgen, dass es allen anderen gut geht. Mittlerweile weiß ich, dass das nicht nur unmöglich ist, sondern auch unsinnig. Dass es darum überhaupt nicht geht, es kein Ziel sein kann und sollte. Ob in dieser Beziehung oder in anderen, in Familien oder Freundschaften.

Mittlerweile weiß ich auch, dass es helfen kann, nicht nur positive Gefühle mit anderen Menschen zu teilen. Nicht nur Fröhlichkeit zu versprühen und andere aufzuheitern, wenn sie traurig sind. Sondern ihnen auch von meiner eigenen Verzweiflung zu erzählen, meinen unbeantworteten Fragen und ungelösten Problemen.

Und ich habe erlebt, dass die Reaktion auf solche Erzählungen gar nicht immer wie befürchtet lautet: „Ach, das hätte ich ja nicht gedacht, dass du so ein Problem hast, du bist doch immer so gut drauf!"

Dass mein Gegenüber gar nicht immer wie befürchtet antwortet: „Ach, das ist doch nicht so schlimm, stell dich mal nicht so an."

Dass die Lösung gar nicht immer lauten muss: „Ach, das wird schon wieder. Und bald kommt auch der Frühling."

Sondern dass es Menschen gibt, die es aushalten, dass dieser Mensch, der ihnen schon so oft so gutgetan hat, nicht immer für sie die Sonne aufgehen lassen kann. Und sie das auch gar nicht erwarten.

... und vergiss nicht, was er dir Gutes getan hat.

PSALM 103,2

6

Mein erster Engel

Siehe, ich will meinen Engel senden,
der vor mir her den Weg bereiten soll.

MALEACHI 3,1

Es gibt sogar einen Menschen, der noch viel mehr aushält, als dass ich nicht immer die Sonne aufgehen lassen kann, wenn wir uns treffen. Bei dem es sogar vielleicht noch ganz anders ist und die Sonne auch dann für diesen Menschen aufgeht, wenn wir uns sehen und ich nicht gerade vor Fröhlichkeit schier zerspringe. Einfach nur deswegen, weil wir uns sehen. Weil wir beieinander sind.

Diesen Menschen habe ich in der fünften Klasse kennengelernt. Glaube ich. Ich weiß es gar nicht mehr so genau, und es ist mir auch ziemlich egal. Während ich bei vielen anderen Dingen es sehr genau nehme, ob etwas korrekt ist, von dem ich spreche und an das ich mich erinnere, ist es hier anders. Es spielt letztlich keine Rolle, wo und wie und wann exakt ich auf diesen Menschen gestoßen bin. Das Einzige, was zählt, ist, dass diese Freundin noch immer an meiner Seite ist.

Sie war an meiner Seite, als wir gemeinsam im Schulchor sangen und ich mich mit meinen Tönen an ihren festhalten konnte. Als wir gemeinsam Volleyball spielten und uns danach zusammen umzogen, obwohl ich mich furchtbar schämte für meinen Körper.

Als mir vor einer Aufführung in der Schule der Hut in die Toilette fiel und ich ihn pipinass auf den Kopf setzen musste. Sie hat es niemandem erzählt.

Diese treue Freundin habe ich einmal gefragt, wie sie es eigentlich ausgehalten hat, dass ich im Laufe der Jahre immer wieder eine andere war. Dass ich eines Tages in anderthalbfacher körperlicher Ausfertigung vor ihr saß als vorher. Dann wieder nicht. Dass ich mich an einer Beziehung festhielt, die mir nicht guttat. Dass ich Beziehungen dann ganz woanders suchte. Für mich fühlt es sich nämlich folgendermaßen an: Je nach Lebensphase war ich immer wieder eine andere Person. Ich habe nicht das Gefühl, derselbe Mensch gewesen zu sein, der eben die üblichen Veränderungen im Leben erlebt hat. Sondern dass ich immer wieder jemand anderes bin. Dieselbe Person zu sein, die sich verändert, empfinde ich erst seit dem tiefen Einschnitt in meinem Leben mit 30 Jahren so – der Loslösung aus der langjährigen Beziehung und der Rettung aus dem selbst gezurrten Korsett aus falsch verstandener Verantwortung.

Ich fragte meine treue Freundin also, wie sie das ausgehalten habe, dass da immer wieder eine andere Person vor ihr gesessen habe. Da blickte sie mich an und antwortete einfach nur: „Du warst doch immer du."

Wir haben uns nicht immer viel gesehen. Und ich war nicht immer so zu ihr, wie ich es mir gewünscht hätte. Ich habe zu wenig gefragt, wie es ihr geht, wie ihr zumute ist, was in ihr vorgeht. Ich gräme mich, dass ich ihr diese Fragen nicht gestellt habe, als ich hätte wissen müssen, dass es ihr nicht gut geht.

Aber ich, ich kannte solche Fragen einfach nicht. Und sie, sie würde niemals auf die Idee kommen, mir das vorzuwerfen. Aus ihrer Sicht habe ich ihr immer genau das gegeben, was ich geben konnte. Was ich nicht gegeben habe, das konnte ich eben nicht geben.

Und wenn ich denke, dass diese Freundin viel weniger Erwartungen an mich hat, als ich selbst Erwartungen an mich habe, dann stimmt das nicht. Denn dieser Mensch hat überhaupt keine Ansprüche an mich.

Gottes Engel erwartet rein gar nichts. Und nimmt mich als genau das, was ich bin und wie ich bin. Dass das ein Engel ist, der da seit Jahrzehnten an meiner Seite ist: Das weiß ich erst, seit Gott und ich uns angefreundet haben. Wenn ich mir dies heute bewusst mache, dann weiß ich, was Demut ist. Und ich weiß, wie sich Dankbarkeit anfühlt.

7

Dann sollte ich auf einmal eine Pastorin interviewen

Ich habe eine Tür vor dir geöffnet,
die niemand zuschließen kann.

OFFENBARUNG 3,8

Ich war seit ein paar Jahren freie Journalistin und arbeitete für den Lokalteil einer regionalen Tageszeitung, da trat mein Chef mit einem Themenwunsch auf mich zu. Es war selten, dass so etwas passierte, denn üblicherweise läuft es so: Ich selbst schlage die Themen vor. Dieses Mal war es anders herum. Für die Silvesterausgabe des Jahres 2009 wollte mein Chef ein Interview mit der neuen Superintendentin in der Stadt. Ich glaube, dass ich damals gar nicht wirklich wusste, was der Begriff „Superintendentin" bedeutet und über welchen geografischen Raum sich der Kirchenkreis erstreckte, für den sie zuständig war. Natürlich wusste ich aber, dass diese Frau die oberste Frau der Kirche in unserer Stadt ist. Kirche also, die Institution, auf die ich aktiv vermutlich keinen Schritt zugegangen wäre oder ich zumindest nicht von selbst auf die Idee gekommen wäre nachzufragen, ob die Chefin für ein Interview zur Verfügung steht.

Aber ich dachte, gut, wenn mein Chef schon einmal einen Wunsch äußert, dann will ich ihm den auch erfüllen. Kann ja nichts passieren. Von wegen!

Wenn ich heute, mehr als zehn Jahre später, auf dieses Interview zurückblicke, dann denke ich: Und ob da etwas passiert ist. Und zwar nichts weniger als etwas Lebensveränderndes.

Zwar habe ich das damals weder wahrgenommen noch geahnt. Aber heute weiß ich: Dieses Gespräch hat mir eine Tür geöffnet zu einem Weg, nach dem ich gar keine Ausschau gehalten hatte. Und ohne dass ich das damals auch nur im Geringsten geahnt hätte.

Das Einzige, was mir nach diesem Treffen durch den Kopf schoss, war: Hätte ich früher schon solche Menschen aus der Institution Kirche kennengelernt anstatt nur den einen Pastor von früher, dann wäre mein Verhältnis zu diesem damals noch etwas diffusen Konstrukt aus Institution, Glaube, Gebäuden und Menschen sicher ein anderes gewesen. Ich wäre nicht so eindeutig ablehnend gewesen, ich hätte mich mit Sicherheit stärker interessiert für das, worum es da geht. Ich hätte die „Kirche", von der ich gar nicht so recht wusste, was alles dazugehört zu diesem Begriff, als nicht so fremd empfunden und als etwas, das mir nichts geben kann.

Das dachte ich tatsächlich sofort nach dem Gespräch. Und ehrlich gesagt war auch damals schon ein wenig Sehnsucht dabei, eine Art Wunsch: Hätte ich doch bloß früher jemanden kennengelernt wie diese Kirchenfrau. Ja, was dann?

So weit dachte ich nicht, weil es mir zu wehgetan hätte zu merken, wie gut es womöglich gewesen wäre, schon früher so jemandem begegnet zu sein. Und auf den Schmerz darüber wollte ich mich nicht einlassen, wollte lieber stark bleiben und denken: „Tja, es war nun einmal nicht so, basta." Die Gedanken, was dann anders (besser) gewesen wäre, waren allerdings auch viel zu diffus, als dass ich sie hätte weiterdenken können. Denn konkret hatte ich wirklich keine Idee, was anders gewesen wäre, hätte ich jemanden wie diese Interviewpartnerin schon früher in meinem Leben gesprochen.

Die Wirtschaft erlebte damals eine Krise, und ich fragte die Superintendentin, inwiefern eine wirtschaftliche Krise auch auf die Gesellschaft wirke. Sie antwortete, dass in einer Zeit von Unsicherheit deutlicher zu sehen sei, welche Werte uns halten.

„Wir brauchen Gemeinschaft, jeder Mensch braucht Geborgenheit", sagte sie. „Wir müssen uns gegenseitig schützen, füreinander da sein, egal, wie die Welt da draußen ist." Auf die Frage, was für diese Gemeinschaft fehle, sagte sie: „Raum für die Seele."

Den Begriff „Seele" hörte ich in diesem Augenblick zum ersten Mal in meinem Leben. Natürlich nicht als Wort zum ersten Mal, aber zum ersten Mal als eine Idee, eine Vorstellung. Ich hatte mit Begriffen gearbeitet wie „Herz" und „Kopf", „Bauch" und „Verstand" – „Seele" aber kam in meinem Vokabular nicht vor. Was eine Seele brauchen könnte, darüber hatte ich mir noch nie Gedanken gemacht, und niemand um mich herum hatte sich mit diesem Begriff und dieser Frage an mich gerichtet.

Und dann ging es ans Eingemachte. Jedenfalls für mich, die mit über 30 Jahren immer noch dachte, sie hätte unbegrenzte Kräfte und sei unzerstörbar. „Der Mensch kann seine Befähigungen weiterentwickeln, das ist ein Gottesgeschenk", sagte die Superintendentin. „Wichtig ist aber, die Balance zu halten. Der Mensch ist endlich und begrenzt. Keiner kann alles. Arbeite ich zu schnell, mache ich Fehler, und noch nie gab es so viele Burn-outs wie jetzt. Burn-outs und Depressionen sind ein klares Signal, dass die Belastung zu groß ist, die Erholungszeiten zu knapp sind. Leistung ist schön, und sie inspiriert, aber die andere Seite kommt zu kurz. Der Mensch darf nicht auf Rationalität und Leistung reduziert werden."

Das war eine Antwort, die mich innehalten ließ. Vor allem der letzte Satz. Zwar noch nicht während des Gespräches, da schrieb ich einfach als Reporterin mit und stellte meine nächste Frage. Aber später, am Schreibtisch, als ich aus den Notizen ein Frage-Antwort-Interview verfasste. Da merkte ich, dass in meinem Block Formulierungen standen, die ich so noch nie gehört hatte und die in meinem alltäglichen Leben nichts waren, das jemand mir gegenüber formulierte.

Schließlich hatte ich selbst ja genau so all die Jahre gelebt: so, wie es nach ihren Worten nicht sein darf oder sollte. Entscheidungen traf ich aus Rationalität, und mein Alltag war letztlich davon erfüllt, Leistungen zu bringen. Ich hatte mich erst vor wenigen Jahren selbstständig gemacht und musste doch all jenen zeigen, dass ich sehr wohl mein Leben auf diese Weise finanzieren kann, die sich das nicht hatten vorstellen können. Wirtschaftlicher Wohlstand, Gesundheit, Verlässlichkeit und Optimismus waren die zentralen Themen um mich herum gewesen. Dass es da noch Dinge gibt wie Glaube, Liebe, Hoffnung oder auch Vertrauen und Gemeinschaft – damit hatte ich mich nie beschäftigt.

Und als ich meine Interviewpartnerin fragte, welches die wichtigste Ressource sei, die unsere Gesellschaft habe, bekam ich eine Antwort, auf die ich selbst niemals gekommen wäre, hätte man mich das gefragt. Ich selbst hätte vermutlich etwas formuliert wie „wieder aufstehen zu können, wenn man am Boden liegt". Oder „wieder zu Kräften kommen, wenn man erschöpft ist", „positiv in die Zukunft blicken zu können, auch wenn es gerade schwierig ist". Sie aber sagte, die wichtigste Ressource unserer Gesellschaft sei das Mitgefühl.

Noch so ein Begriff, mit dem ich bis dahin kaum Berührungspunkte hatte. Ich kannte eher das „Mitleid", empfand das Gefühl, wie ich es kennengelernt hatte, aber durchaus oft als schwierig, weil es mir häufig vorkam, als käme es von oben herab, als sei der

Mitleidende etwas Besseres als der Leidende. Mitgefühl auf Augenhöhe, Empathie, sich hineinzuversetzen in andere, ihre Beweggründe versuchen nachzuvollziehen: Wie das geht und warum das so wichtig ist, hatte mir niemand erklärt. Und von selbst darauf gekommen war ich auch nicht.

Ganz offensichtlich aber steckte schon damals eine Sehnsucht in mir, eine Sehnsucht, von der ich selbst noch nichts wusste. Ich ahnte es zwar nicht, aber es muss so gewesen sein. Ansonsten hätte ich meine Notizen ja einfach aus dem Block in den Computer übertragen können, ohne danach weiter darüber nachzudenken. Oder mich zu fragen, was wohl gewesen wäre, hätte ich früher jemanden getroffen wie diese Superintendentin. Hätte ich früher solche Gedanken gehört, solche Begriffe kennengelernt.

Hätte ich diese Sehnsucht nicht gehabt, hätte ich mich wohl auch kaum jedes Mal so sehr gefreut, dieser Frau wieder zu begegnen – stets waren es berufliche Zusammenhänge, Zusammenkünfte in der Stadtgesellschaft: sie als Superintendentin, ich als Journalistin. Und doch waren die kurzen Zusammentreffen nach diesem ersten Interview jedes einzelne Mal mehr als das ansonsten übliche „Hallo, wie geht's?" ohne Wunsch nach authentischer Antwort. Sie wollte, seit wir uns gesprochen hatten, wirklich jedes Mal wissen, wie es mir geht. Das war neu für mich, und ich genoss das. Es fühlte sich gut an – ohne dass ich daraus schon eine Konsequenz hätte ziehen wollen, also zum Beispiel einen Gottesdienst von ihr zu besuchen.

Gottesdienste waren noch wie Tulpen im Oktober. Aber das Gefühl war da. Nicht mehr und nicht weniger.

8

... und kurze Zeit später ein ganzes Buch über Kirchen schreiben

Ich will dich unterweisen und dir
den Weg zeigen, den du gehen sollst.
Ich will dich beraten und immer
meinen Blick auf dich richten.

PSALM 32,8

Das Interview mit der Superintendentin war ein Arbeitsauftrag, auf den ich damals nicht von selbst gekommen wäre. Und der mich gleichzeitig fasziniert, beeindruckt und mit einem leisen „Ach" zurückgelassen hatte. Fasziniert von der mir neuen Denkweise, die ich da kennengelernt hatte, beeindruckt von der Vielschichtigkeit der Gedanken, die mein Gegenüber geäußert hatte, und das leise „Ach" deswegen, weil ich einen Anflug von „was wäre gewesen, wenn" gespürt hatte. Ein Gefühl von Bedauern, dass ich nicht früher einen Menschen der Institution Kirche kennengelernt hatte wie diese Frau, ja sogar ein Nachsinnen darüber, ob mein Leben dann vielleicht ein anderes, ein besseres gewesen wäre.

Kurze Zeit später bekam ich einen weiteren Arbeitsauftrag, auf den ich nicht von selbst gekommen wäre und bei dem ich ähnlich wie bei dem Auftrag meines Redaktionsleiters, „interview doch einmal die Superintendentin", dachte: Okay, wenn das der Auftrag ist, dann mache ich das.

Der nächste Auftrag lautete: Erstelle eine Broschüre über alle Kirchen bei uns im Kirchenkreis. Der Auftrag ging nicht an mich allein, sondern an meine Kollegin und mich. Sie ist Grafikerin, wir hatten für diesen Auftraggeber bereits eine Broschüre über alle Museen im Landkreis gemacht und alle Freizeitangebote. Dieses Mal also Kirchen. Okay, dachte ich, dann dieses Mal eben Kirchen.

Was soll schon passieren.

Ich fing an, Texte über Gebäude zu schreiben, deren Sinn mir damals noch sehr fremd war. Ich konnte nur die wenigsten der Kirchen und Kapellen tatsächlich selbst besuchen, das gab das für das Projekt angesetzte Budget nicht her. Die größeren aber besuchte ich sehr wohl.

Das Spannende allerdings passierte gar nicht in den größeren Kirchen. Das Spannende passierte in den kleinen Kirchen und Kapellen – und zwar denjenigen, über die ich schrieb, ohne sie selbst besuchen zu können. Ihre manchmal 1.000 Jahre alten Steine, die von Feuern zerstörten und anschließend wieder aufgebauten Türme, ihre Engel, die von der Decke hinabhängen und Taufschalen tragen: Von all diesen Dingen zu erfahren, faszinierte mich und machte mich neugierig. So neugierig, dass ich diese Orte unbedingt kennenlernen wollte.

Zum Glück war die erste Ausgabe der kleinen Broschüre relativ schnell vergriffen. Zum Glück ging es meiner Kollegin genauso wie mir, und ohne dass ich es selbst schon hätte formulieren können, sagte sie eines Tages: „Wollen wir das nicht noch einmal machen? Schöner und persönlicher? Indem wir jede einzelne Kirche und Kapelle selbst besuchen?"

Ich wusste sofort: Ja, das will ich auch.

Und als ein paar Jahre später die beiden Kirchenkreise in unserer Region fusionieren wollten, war das die viel beschworene Tür, die sich öffnet. Der viel zitierte Wink des Himmels. Es passte perfekt. Wir beide hatten die größte Lust, dieses Projekt gemeinsam zu machen, die man sich vorstellen kann. Die Außenwelt gab uns den richtigen Anlass, und dann fanden wir auch noch Menschen, die das genauso sahen wie wir: die bekannte Superintendentin des Kirchenkreises und ihr Team.

Als die Entscheidungsträger uns den Auftrag gaben für ein Buch über sämtliche Kirchen und Kapellen im zukünftigen Kirchenkreis Lüneburg, habe ich mich darüber so sehr gefreut, wie ich es mir ein paar Jahre zuvor niemals hätte vorstellen können. Schließlich hatte ich bei Broschüre Nummer eins noch gedacht: Okay, dann sind es diesmal eben Kirchen statt Museen, statt Freizeiteinrichtungen – statt Orten, die mich per se interessieren, auch ohne Arbeitsauftrag.

Beim zweiten Mal war das Gefühl ein völlig anderes. Das Gefühl ging so: Juhuuuu! Ich darf an Orte fahren, die ich noch nicht kenne! Ich darf etwas völlig Neues ausprobieren! Ich darf all die kleinen Kirchen und Kapellen besuchen, auf die ich so neugierig geworden war! Jede einzelne! Ich darf etwas über sie herausfinden, darf sie erforschen, darf Ausflüge zu ihnen machen – und werde dafür auch noch bezahlt.

Meine Freude war riesig. Gleichzeitig war ich fasziniert von dem Vertrauen, das mir unser Auftraggeber, der Kirchenkreis selbst, entgegenbrachte. Niemand fragte nach, ob ich denn eigentlich Mitglied der Kirche sei. Oder warum ich denn eigentlich glaubte, ein Buch über Kirchen schreiben zu können, obwohl ich doch gar kein Kirchenmitglied sei. Ja, noch nicht einmal konfirmiert, hätte ich schließlich beichten müssen, wäre das Thema auf meine Beziehung zur Kirche gekommen.

Doch niemand stellte mir diese Fragen. Das beeindruckte mich sehr. So viel Vertrauen und Respekt, so viel Akzeptanz meiner Person. Niemand gab mir eine Richtung vor, wie ich meine Texte schreiben sollte, niemand redete mir später in das Geschriebene hinein. Ich hatte vollkommen freie Hand. Ich konnte Gottes Häuser genau so beschreiben, wie sie auf mich wirkten.

In einigen Dingen war ich zu Beginn des Projekts natürlich reichlich ahnungslos, ich kannte mich mit Symboliken wie dem A&O oder der Bedeutung von Efeu und Lämmern nicht aus; ich wunderte mich am Anfang einfach nur über die sich so häufig wiederholende Buchstaben-Kombination und in einer Dorfkirche über die vielen Töpfchen mit echtem Efeu in den Fenstern.

Auf einem Bild dachte ich doch tatsächlich, da liege ein Hund unter dem Tisch, an dem einige Menschen sitzen und essen – zum Glück habe ich das voller Begeisterung als Erstes meiner Kollegin erzählt. Die lachte erst Tränen und klärte mich dann auf. Tja. Von da an sah ich immer wieder Lämmer und niemals mehr einen Hund in einer Kirche. Später erfuhr ich zwar, dass es durchaus Darstellungen des letzten Abendmahls gibt, auf denen Hunde zu sehen sind. Ob es in diesem speziellen Fall also vielleicht tatsächlich stimmte, was ich glaubte gesehen zu haben: Ich weiß es nicht. Vielleicht fahre ich eines Tages noch einmal hin und gucke nach. Und lache, egal, ob es nun ein Hund oder ein Lamm ist.

Es machte mir Spaß, die Rätsel zu lösen, die sich mir beim Besuch der Häuser auftaten, und herauszufinden, warum an so vielen Türen A&O geschrieben steht und warum in einer Dorfkirche Efeu wächst. In jeder einzelnen der vielen Kirchen und Kapellen, die ich zu jener Zeit besuchte, fand ich etwas, das mich neugierig machte, das mich interessierte oder das mich berührte.

Ein einziges Mal allerdings betrat ich ein Kirchengebäude,

blickte mich um und dachte: Jetzt ist er gekommen, der Moment, vor dem ich schon länger Angst gehabt hatte. Der Moment, in dem mir nichts einfällt. Nichts, was ich an dieser Kirche beschreiben könnte, das neugierig macht, das interessant ist oder berührt. Ich fand diese Kirche einfach nur furchtbar hässlich. Von außen und von innen. Ich spürte, wie ich begann zu verzweifeln. Was nur sollte ich über dieses Gebäude schreiben, das wertschätzend ist? Wie sollte ich mich von meiner eigenen Empfindung diesem Haus gegenüber lösen, damit ich einen Text verfassen kann, der niemanden verletzt?

Dann sah ich einen kleinen Zettel im Eingang liegen. Ich griff ihn mir und las. Es dauerte nur ein paar Sätze, da stiegen mir Tränen in die Augen. Denn was ich da las, schockierte und berührte mich zugleich: dass Menschen diese Kirche gebaut hatten, die während und/oder nach dem Zweiten Weltkrieg aus ihrer Heimat geflohen, vertrieben worden waren. Die kein Geld hatten und keinen Besitz. Und trotzdem alles dafür gegeben haben, dass dieses Gebäude entsteht.

Auf einmal war er schön, dieser Kasten aus Fertigbauteilen. Und ich wusste sofort, was ich über diese Kirche schreiben würde. „Bescheidener kann eine Kirche kaum sein: Die katholische Kirche St. Michael ist die letzte Barackenkirche im Bistum Hildesheim. Flüchtlinge haben sie gebaut, nur wenige Jahre nach dem Ende des Zweiten Weltkrieges: 1951 wurde das Haus geweiht. Das Bistum hatte gerade einmal 5.000 Mark für ein Dachgerüst zur Verfügung gestellt, den Rest haben die Menschen hier selbst übernommen, mit den eigenen Händen, aus den eigenen Geldbörsen. Und das alles, nachdem sie aus ihrer Heimat vertrieben worden waren." *(Gottes Häuser, Vom Turm aus Feldsteinen bis zum Glasaltar. Auf dem Weg im Kirchenkreis Lüneburg. Januar 2017)*

Die katholische Kirche St. Michael im niedersächsischen Dahlenburg zählt zu den letzten Bauten ihrer Art. Bis zu meinem Besuch hatte ich noch nicht einmal gewusst, was eine Barackenkirche überhaupt ist. Ich verließ das Haus tief beeindruckt und einmal wieder dankbar für diesen Auftrag. Denn ich durfte hier gerade Erfahrungen machen, mit denen ich ein paar Jahre zuvor niemals gerechnet hätte. Und die ich als Privatperson, in meiner Freizeit, mit Sicherheit nicht initiiert hätte. Zumindest nicht zu diesem Zeitpunkt und nicht in dieser Intensität.

Vielleicht hätte ich ab und zu einmal eine unserer großen Innenstadtkirchen besucht, vielleicht hätte ich bei einer Radtour übers Land auch bei der einen oder anderen niedlichen Dorfkapelle gehalten. Sicher hätte ich bei dem Symbol für offene Kirchen auch einmal eine Klinke heruntergedrückt und nachgesehen, was sich hinter dieser Tür verbirgt, weil ich hätte wissen wollen, wie so eine Kleine eigentlich von innen aussieht im Gegensatz zu den stolzen Großen in den Städten.

Sicher hätte ich mir am Wochenende aber nicht die Zeit genommen, zielgerichtet sämtliche Kirchen und Kapellen in meiner Umgebung anzufahren und mich bei den geschlossenen Häusern entweder darum zu kümmern, dass mir jemand aufmacht, oder mich bei meinen Besuchen nach den Zeiten der Gottesdienste in den Kirchen und Kapellen zu richten. Immerhin sind es insgesamt mehr als 70, und ich habe noch ein paar andere Hobbys.

Es wäre aber noch etwas anderes gewesen, das mich von einem privaten Kirchen-Besuchs-Projekt abgehalten hätte. Und das ist Folgendes: Ich hätte gar nicht gewusst, was ich da hätte tun sollen in diesen unbekannten, mir damals noch fremden Räumen. Einfach einmal hineingehen und mich auf eine Bank setzen? Ohne weiteres Ziel oder Zweck? Ohne etwas, das ich dort hätte tun können? Ohne nach besonderen Fotomotiven zu suchen oder einen Moment besonders schönen Lichteinfalls abzuwarten? Ohne nach Details zu schauen, die ich dann später im Text erwähnen werde? Ohne das, was ich da sehe und erlebe, aufzuschreiben – und zwar am liebsten direkt vor Ort, auf einer Bank sitzend in den Laptop tippend? Einfach nur da sein und sonst nichts?

Das wäre mir nicht nur sehr schwergefallen. Es wäre mir unmöglich gewesen. Denn mir fehlte die Ruhe, einfach nur eine Kirche zu besuchen und zu gucken, was passiert, so ganz ohne Grund. Vermutlich wäre ich jedes Mal relativ schnell wieder herausgegangen.

Der Auftrag war daher mein großes Glück: Ich konnte die Kirchen, diese damals noch so fremden Orte, besuchen und wusste genau, was ich da wollte. Denn das war das, was ich ohnehin den ganzen Tag über mache: schreiben und fotografieren. Ich wusste, ich will diese Kirchen porträtieren, wie ich ansonsten Menschen porträtiere.

Mein Anspruch war, jede einzelne Kirche so zu beschreiben, dass sie als individuelles Wesen dargestellt wird. Als Ort mit einer ganz bestimmten Atmosphäre, mit etwas, das typisch oder besonders für genau diesen Ort ist. Dieser Anspruch an mich und meine Arbeit ließ mich also sehr bewusst, sehr aufmerksam und wie immer bei der Arbeit sehr neugierig in diese Häuser treten. Ich sah sehr genau hin, ich suchte nach auffälligen oder versteckten Details – ob mit den Augen oder in schriftlichen Dokumenten. Ich guckte mir alles ganz genau an: Wie das Gebäude von außen wirkt, ob mächtig und kräftig oder schmächtig und beschützenswert, ob eingekuschelt in belaubte Bäume oder freistehend von Weitem sichtbar.

Es beeindruckte mich, wie einfach diese Häuser zu finden wa-

ren und was das eigentlich bedeutet: Auf der Suche nach der Kir-
che in einem Dorf musste ich nur über den Dächern der anderen
Häuser nach ihrem Turm suchen, nach ihrem Wink: Hier bin ich.
Und diesem Wink brauchte ich einfach nur zu folgen.

9

Winke, winke

*Der Herr wird seinen Engel mit dir senden
und Gnade zu deiner Reise geben.*

1. MOSE 24,40

Als ich während der Arbeit an unserem Buch über die Kirchen erlebt hatte, wie einfach es ist, dem Winken der Kirchtürme zu folgen, begann ich, dies auch in fremden Gegenden zu tun: Wenn ich einen Ortskern suche oder in einer fremden Stadt, einem unbekannten Dorf überlege, welche Straße ich wohl nehme, um den Ort zu erkunden, dann folge ich immer diesem Wink. Denn ich weiß: Dort, wo die Kirche ist, ist das Zentrum des Dorfes, der Stadt. Das Zentrum des Lebens, der Gemeinschaft, des Alltags. Wenn ich in Richtung eines Kirchturms laufe, kann nichts schiefgehen. Ich komme immer an einen Ort, der mir die fremde Gegend vorstellt und von dem aus ich weitere Gassen entdecken kann.

Heute steuere ich in fremden Städten oder Dörfern auch ganz bewusst das Innere der Kirchen an, vor allem, wenn ich allein dort bin. Weil sie mich anziehen, weil es mich interessiert, wie sie gestaltet sind, und weil ich gerne an unterschiedlichen Orten eine Kerze anzünde. Mit der Kerze und dem wenn auch manchmal sehr kurzen Kirchenbesuch bekomme ich das Gefühl, wirklich da gewesen zu sein an diesem Ort.

Wenn ich eine Kirche besuche, fühle ich mich nicht mehr so alleine in einer fremden Umgebung. Und wenn es gut läuft, füllt die Kirche für mich sogar freie Zeit, die sich ansonsten eher leer anfühlen würde. Wenn ich zum Beispiel in einer anderen Stadt bin, um abends eine Oper zu besuchen, und das alleine: Dann ist es ganz wunderbar, dass ich dort am Morgen in einen Gottesdienst gehen kann. Ohne dass ich jener Gemeinde angehöre, ohne dass ich in jener Stadt meinen Erstwohnsitz habe. Ohne dass mich irgendjemand nach meiner Berechtigung fragt, an dieser Veranstaltung teilzunehmen, und ohne dass ich vorher ein Ticket kaufen muss.

Und manchmal finde ich in den Kirchen anderer Städte noch viel mehr Anlässe als den Gottesdienst am Sonntagmorgen: Das kann eine kleine Andacht am Nachmittag sein, bei der ich all die neuen Eindrücke sacken lassen kann. Das kann ein Konzert sein, wunderbarerweise so häufig mit großen Chören. Oder ich stapfe den Turm hinauf und kann von dort die Stadt aus einem anderen Blickwinkel sehen.

Und wenn ich an einem anderen Ort bin, um dort zu arbeiten, dann steuere ich nach den geführten Interviews ebenfalls häufig die Kirche für ein kurzes „Hallo" an, wenn mir das Gebäude sympathisch ist – mit diesem Besuch bekomme ich das Gefühl, auch etwas Persönliches, Privates von der Arbeitsreise mit nach Hause nehmen zu können.

Kirchen sind heute für mich Orte, die ich immer wieder und beinahe überall gern besuche, auch wenn mich Prunk jedes Mal wieder überrascht und abschreckt. Überladene, zu reich ausgestattete Kirchen voller Gold und Glamour geben mir nichts, ich verlasse sie sehr schnell wieder. In ihnen funktioniert auch meine Neugier nicht, so lange zu suchen, bis ich etwas finde, das mich interessiert oder berührt.

Ich mag gern die kleinen, einfachen, uralten Kapellen auf dem Land, vor allem in meiner Region, also Norddeutschland. Ich mag es, wenn die Kirchbänke grau lackiert sind und es hell ist im Raum, und ich mag den Kontrast, wenn in einer jahrhundertealten Kapelle auf einmal durchsichtige Stühle aus Plexiglas stehen, weil die alten Bänke vom Holzwurm zerfressen waren. Ich mag es, wenn ich in eine mir unbekannte Kirche komme und überrascht werde: zum Beispiel, weil sie von innen blau ist oder ihr Altar an der Längsseite steht anstatt vorm Chor.

Ich liebe Mauern aus Feldsteinen, besonders, wenn die Steine unterschiedlich groß sind und unterschiedliche Farben haben. Ich mag es, wenn eine Kirche aus Material gebaut wurde, das einfach da war. Ich mag es, wenn die Farbe von Holztürmen abblättert, und ich mag es, wenn Kupfer oxidiert und grün wird.

Ich liebe aber auch die großen dicken Backsteinkirchen, in denen ich mich jedes Mal frage, wie Menschen es vor Jahrhunderten geschafft haben, sie zu bauen. Mich fasziniert es, in alten Kirchen hinter die Kulissen zu gucken, ihre Türme zu besteigen und dabei an den Glocken vorbeizukommen. Wenn ich mir vorstelle, dass einige von ihnen gegossen worden sind, bevor Amerika entdeckt wurde, und wie lange sie schon die Luft über der Stadt mit ihrem kräftigen Klang füllen: Dann beeindruckt mich das so sehr, dass ich zutiefst dankbar bin, mit meinen Fingern einmal kurz über ihre Bronze streichen zu können.

Wenn Kirchen ihre Türen offen halten, schätze ich das sehr. In ihren Veranstaltungskalendern finde ich jedes Mal etwas, das mich interessiert. Vor allem in meiner Region, also dem Raum der evangelisch-lutherischen Landeskirche Hannover, aber auch anderswo: Oft sind die Stadtkirchen und Landkapellen Anlaufpunkt für mich, zum Beispiel für eine kleine Pause beim Stadtbummel oder einer Radtour, einer Wanderung oder einem Spaziergang, für ein Konzert am Abend oder eben für einen Gottesdienst, der mich mit der Stadt, die ich gerade als Fremde besuche, auf ganz natürliche Weise verbindet.

Dass das meiste, was ich in einer Kirche erleben kann, dann auch noch kostenfrei ist und mich an der Pforte niemand nach meinem Mitgliedsausweis fragt: Das ist, Entschuldigung, der Hammer.

10

Wie die fremde Welt
mir ihre Hand reichte

Euer Vater weiß, was ihr braucht,
und zwar schon bevor ihr ihn darum bittet.

MATTHÄUS 6,8

Es gibt zwei kleine Kirchen, die ich bei der Arbeit an dem Buch über alle Häuser Gottes in unserer Region entdeckt habe, an die ich immer wieder denke, und zu denen ich seit Ende des Projekts immer wieder zurückkehre. Beide stehen an der Elbe, am Fluss direkt hinterm Deich. Und beide werden ganz offensichtlich von Menschen betreut, die ahnen, was die Besucherinnen und Besucher ihrer Gotteshäuser brauchen könnten, das über ein paar ruhige Momente der Einkehr hinausgeht. In der einen warteten Wasserflaschen auf Radfahrerinnen und Radfahrer, in der anderen stand eine Thermoskanne mit heißem Kaffee und daneben eine Dose Kekse.

Ich war entzückt.

Die Kirche mit den Wasserflaschen, St. Nicolai im niedersächsischen Artlenburg, war mir schon auf dem Hinweg sympathisch, als ich bloß ihren Turm sah: Er ist dick und kräftig und sieht aus wie der Turm einer Burg. Seine Uhren haben blaue Zifferblätter und goldene Zeiger, die in der Sonne glänzen. Der Turm hat viele Ecken, beim Zählen waren es neun, aber das kann ja eigentlich nicht stimmen. Geöffnet ist die kleine Kirche täglich von 9.30 bis 18 Uhr, das ganze Jahr über, ob im Juli oder Januar. Ich war beeindruckt. Ein Dorf mit einer Kirche, die jeden Tag geöffnet ist: Das bekommen noch nicht einmal manche Innenstadtgemeinden hin. Und drinnen: noch mehr Eindruck.

Denn ich fühlte mich gar nicht wie in einer Kirche. Sondern wie zu Hause. In dieser Kirche sitzt man nämlich nicht auf dunklen schweren Bänken, sondern auf hellgrauen Holzstühlen. Und immer brennt ein Licht, eine echte Kerze. Neben den Teelichten für den Kerzenständer steht nicht die Kasse mit einem Hinweis auf den Preis direkt daneben, sondern ein freundliches Schild: „Wir freuen uns über eine Spende für die Teelichte, die Sie am Ausgang in den Kollektenkasten werfen können. Vielen Dank." Die Teelichte besitzen kein Preisschild, sondern ich kann selbst entscheiden, wie viel ich dafür zahlen möchte. Das finde ich super.

Für schlechtes Wetter gibt es einen Schirmständer, gleich neben dem Bücherregal. Das gibt es nämlich auch: wie im Wohnzimmer. Ein Bücherregal, aus dem sich jeder etwas mitnehmen kann für das Sofa zu Hause. Das Rührendste aber sah ich auf einem Regal gleich neben den Büchern: Dort standen kleine Wasserflaschen. „Für durstige Reisende" war auf ein Blatt Papier geschrieben, das über den Flaschen hing. Einfach so standen sie da, für jede und jeden zum Mitnehmen. Ob gegen Spende oder nicht.

Ich blieb hier sitzen. Einfach so. Genug Fotos hatte ich längst gemacht, meinen Text längst geschrieben, auf den Oberschenkeln in den Laptop getippt. Was zu Hause niemals ging und bis heute nicht geht: einfach nur dazusitzen und meinen Gedanken oder sogar Gefühlen nachzuhängen, das ging hier auf einmal. Ich wollte einfach nicht weg. Nicht weg aus diesem Raum, den es seit vielen Hundert Jahren gibt. In dem die Gefühle und Gedanken von unzähligen Menschen ihren Platz fanden und immer noch finden. Der mich mit ihnen verbindet, ihrem Wissen und ihrer Kraft. Der mich überrascht und willkommen heißt. Der mir ermöglicht, was mir anderswo nicht möglich ist.

Die andere kleine Kirche, die mit dem Kaffee und den Keksen, hat mich mit ihren freundlichen Gaben zwar zum Lächeln gebracht, meine Seele berührt hat hier aber etwas anderes. Und das war der Segen, den sie mir mit auf den Nachhauseweg gab.

„Und nun, bevor du gehst,
wünsch' ich dir, dass du dich erholst.
Sag nicht einfach: ,Werd ich schon …'
Ich wünsch' dir,
dass du trotz der Reisevorbereitungen,
trotz der vollgepackten Koffer, die so schwer sind
und doch nur das Notwendigste enthalten
(die Anziehsachen für jedes Wetter,
die zig Schuhe, die Bücher, die du immer mal lesen wolltest,
die Spiele von Weihnachten,
zu denen du nie Zeit gefunden hast,
den Reiseproviant und die Kulturführer),
dass du, trotz deiner Angst, zur Ruhe zu kommen,
deinem Druck, alles nachzuholen, wozu du im Alltag nie kommst,
dort, wo du hinfährst,
auch wirklich ankommst!

Ich wünsch' dir,
dass du
dort ein Stück Ballast abwerfen kannst und spürst,

dass ein Pullover und ein Paar Schuhe
dich länger tragen, als du es dir vorstellen könntest,
dass du,
ohne einer Pflicht die Zeit zu stehlen,
aufs Meer schauen wirst
oder eine Weile
die Maserungen eines Holztisches bewunderst.

Dann, wenn Ruhe einzieht
und sich in dir breitmacht,
wenn die Zeit mehr wird,
die dich nicht mehr hetzt,
atme sie ein, diese Augenblicke.

Geh noch nicht,
ich will dir noch das Wichtigste
für deine Reise mitgeben:
Ich wünsch' dir Gottes Segen,
die Kraft, die dir zur Ruhe verhilft.
Ich wünsch' dir, dass du Ihn und dich findest!"
(Reisesegen von Fanny Dethloff)

Woher nur hatte diese kleine Kirche geahnt, dass ich ihr auf ihren Wunsch, ich möge mich erholen, genau das geantwortet hätte, was sie schon vermutete: „Danke, werd' ich schon." Und es natürlich nicht getan hätte.

Ich habe damals noch nicht einmal den kompletten Segen lesen können, sondern habe mir nur einzelne Passagen daraus notiert. Den gesamten Text zu lesen, dafür fehlte mir damals noch die Geduld.

Auch der Rest, besonders der Schluss, war mir damals noch zu theoretisch. Unter Gottes Segen konnte ich mir nichts vorstellen. Aber die Idee, dass es möglich sein könnte, dass sich Ruhe in mir breitmacht, dass es Zeiten geben könnte, die mich nicht hetzen: Bei dieser Vorstellung musste ich schlucken. Denn mir wurde klar: Genau das erlebte ich nie.

Erholung war für mich damals, immer mal wieder für ein paar Tage in eine europäische Metropole zu fliegen, tagsüber durch möglichst viele verschiedene Gassen zu laufen und möglichst viel Neues zu sehen – und abends in der Oper vor Müdigkeit beinahe einzuschlafen. Dabei war die Oper doch jedes Mal Grund und Anlass für die Reise gewesen.

11

Und wie sie mir den Weg leuchtete

Du zeigst mir den Weg zum Leben.

PSALM 16,11

Es waren Dinge wie die wartenden Wasserflaschen, die geschenkten Kekse und Kaffee in einer Thermoskanne, die zu den ersten Dingen gehörten, die mich in Kirchen rührten. Die mir diese alten Gebäude so sympathisch machten und die begannen, mich zu ihnen hingezogen zu fühlen, immer wiederkehren zu wollen. Doch es gab noch etwas, das mir die Hand reichte aus dieser diffusen fremden Welt: Das waren die Kerzen.

Die Betlichter, die in nahezu allen offenen Kirchen anzuzünden sind. Das Anzünden dieser ganz einfachen Teelichte hatte etwas, das mir Sicherheit gab in dieser Umgebung, die so neu für mich war. Teelichte hatte ich schließlich schon unzählige zu Hause angezündet. Während der gesamten Zeit des Schreibens an meiner Abschlussarbeit für das Studium habe ich mir ein Teelicht angezündet. Zu Beginn der Arbeit bedeutete es: Jetzt arbeitest du an deiner Magisterarbeit. Und wenn ich fertig war am Schreibtisch, löschte ich die Kerze wieder. Ich hatte Feierabend. Der Blick in die kleine Flamme hat mich stets beruhigt, sie leuchtete für mich und war mir Begleiterin – durch sie war ich während der einsamen Schreibtischarbeit nie allein.

Als ich dann begann auszuprobieren, wie es ist, wenn ich eine

Kirche besuche, ohne dass es einen beruflichen Hintergrund hat, da waren die kleinen Gebetslichte etwas, das mir sagte: Hier ist nicht alles fremd, nicht alles anders, als du es kennst. Ich begann, bei jedem Besuch einer Kirche eine Kerze anzuzünden. Denn: Mich in eine Bank zu setzen und abzuwarten, was passiert, traute ich mich keinesfalls jedes Mal. Wenn ich dann dieses kleine runde Stück Paraffin mit dem Docht darin nahm und es mithilfe einer bereits brennenden Kerze oder auch eines bereitgelegten Streichholzes in ein warmes leuchtendes Licht verwandelte, dann sah ich lange in das kleine Feuer und ließ meine Gedanken denken, was sie gerade wollten. Es war ein wenig, wie in einen Kamin zu blicken und dabei ruhig zu werden.

Zunächst dachte ich über Themen des Alltags nach, einfach darüber, was mir gerade in den Kopf kam. Oft waren das schwierige Dinge, zum Beispiel nicht glückende Beziehungen zu anderen Menschen, die mir da durch den Kopf gingen. Oder Entscheidungen, deren Konsequenzen ich in dem Augenblick nicht überblicken konnte. Es waren Gedanken, die mich zu Hause auf dem Sofa überforderten und nervös machten, weil ich keine Lösung für sie wusste und keine Idee hatte, wie es mir gelingen könnte, dass sie sich lösen. Dass es gar nicht immer um eine Lösung geht, wusste ich damals noch nicht.

Später begann ich, im Licht der Kerze von Hoffnungen zu erzählen und Wünsche zu formulieren. Erst still im Inneren, später auch leise flüsternd tatsächlich aussprechend. Ich dachte an Menschen, die mir nahe waren, für die ich auf etwas hoffte, denen ich etwas wünschte. Weil ich wusste, dass sie etwas bedrückt oder dass etwas schwierig für sie ist. An und mit dieser Kerze hoffte ich, dass sich diese Dinge für sie lösen werden. Irgendwann begann ich schließlich damit, ganz konkret um Hilfe zu bitten bei diesen

Hoffnungen und Wünschen. Weil ich merkte, dass meine Kraft allein nicht reicht, um sie zu erfüllen – und es auch gar nicht darum geht, dass ich allein etwas bewirke.

Außerdem zündete ich Kerzen an, wenn etwas besonders Wunderbares passierte. Wenn ich dankbar war für etwas, wenn ich mich sehr freute über etwas. Manchmal waren das sogar Dinge, für die ich Monate oder auch Jahre vorher an demselben Ort meine Hoffnungen geflüstert hatte, die mich zu Hause auf dem Sofa so gequält hatten und von denen ich dort am Kerzenständer ein wenig der Schwere losgeworden war. Und wenn es dann einen Moment gab, in dem ich spürte, dass sich etwas verändert hat, dass etwas leichter geworden ist: Dann zündete ich wieder eine Kerze an. Erinnerte mich daran, was so schwierig gewesen war, und dankte dafür, dass es nun einfacher ist. Oft unter Tränen.

Ich begann, ganz gezielt in eine Kirche zu gehen, um zu einem bestimmten Thema meine Kerze anzuzünden. Weil ich merkte, dass ich mit bestimmten Themen in meiner üblichen Umgebung nicht weiterkam. Ihre Last war zu schwer oder das Glücksgefühl über sie zu groß, um es allein bei mir zu behalten.

Ich begann außerdem, bei der Reise in einen längeren Urlaub an Autobahnkirchen zu halten und auch dort eine Kerze anzuzünden: als Dank dafür, dass diese freie Zeit vor mir liegt, und als Hoffnung, dass wir gesund bleiben während dieser Reise. Auf der Rückfahrt genauso. Beim Blick ins Licht der Kerze erinnerte ich mich an die besonders reichen Momente der Reise und wurde ganz still.

Manchmal gehen mein Lebensmensch und ich auch zu zweit zu den Kerzen, und wenn wir allein sind in der Kirche, fange ich einfach an zu sprechen: Ich danke zum Beispiel dafür, auf einem Berg gewesen sein zu können, der uns beiden wichtig ist. Dafür, was wir schon alles auf diesem Berg erlebt und gefühlt haben. Dass uns nichts passiert ist bei all den Abenteuern unserer Reise. Ich danke für die Kraft, von der uns die Berge abgeben, ich danke für das Kennenlernen lieber Menschen dort und dafür, dass wir all das gemeinsam erleben dürfen und nicht allein. Wir halten uns an den Händen, danken abwechselnd für die hinter uns liegende Zeit und sprechen Wünsche aus, was nun kommen möge: eine sichere Heimreise und dass von dem Glück der vorherigen Wochen viel in uns bleiben möge. Wenn ich dann die Tür nach außen öffne, tönt das Rauschen der Autobahn über meinen Kopf hinweg. Dabei ist es drinnen stets total still.

Neugierig auf diese unbekannten Gebäude an der Autobahn geworden war ich dabei schon viel früher: als die Art meiner Reisen sich veränderte und ich weite Strecken im Auto unterwegs war. Mich faszinierten die Schilder, die zu den „Autobahnkirchen" wiesen. Viele Hundert Kilometer lang dachte ich darüber nach, welche Art von Menschen da wohl in solchen Kirchen sitzt, so direkt neben einer Autobahn, wie viele das sein mögen und warum sie das tun. Ich dachte sogar darüber nach, eine Reportage über Autobahnkirchen zu schreiben, so neugierig war ich, was sich wohl in diesen unbekannten Gebäuden abspielt, und so sehr suchte ich nach einem Grund, sie zu besuchen.

Bis ich einfach einmal abbog, ganz ohne Grund und ohne Arbeitsauftrag, dauerte es Jahre. Es dauerte so lange, bis ein Mensch neben mir am Steuer saß, der auf meine spontane Frage, ob wir mal eben rausfahren könnten zu dieser ausgeschilderten Autobahnkirche, ganz einfach mit „ja, klar" antwortete, den Blinker setzte, den Schildern folgte und auf dem Parkplatz wartete, bis ich zurückkam.

Diese Offenheit war neu für mich. Bisher hatte ich als Reaktion auf meine nach langem inneren Hin und Her ausgesprochene Frage ein abwehrendes Sinnieren über das Für und Wider sowie den mit dem Umweg verbundenen Zeitverlust erhalten. Darauf hatte ich stets mit einem „ach, schon gut, lass sein" reagiert und meine zaghafte Idee zügig wieder verworfen.

Je häufiger ich aber meinem Impuls folgen konnte und an welchem Ort auch immer ich eine Kerze in einer Kirche anzündete und mir beim Blick in ihre Flammen meine Gedanken machte, Sorgen, Hoffnungen, Wünsche und Dank formulierte, desto klarer wurde mir, was ich da eigentlich mache.

Ich bete ja!

Ich mache das, wovon ich so lange keine Vorstellung hatte, was das wohl sein mag. Wobei ich die Hände hatte falten sollen als Kind und das doch absolut nicht wollte. Was mir so lange so fremd war und sich nun so gut anfühlte. Weil es meine Gedanken zulässt, bündelt und erträglich macht. Weil es Schmerz stillt. Weil es aber mindestens auch genauso guttut, sich in Glücksmomenten für einen langen Moment ganz allein darauf zu konzentrieren, worin das Glück gerade besteht – und dafür Dank zu empfinden und auszusprechen. Dank an einen Menschen, Dank an Gott. Und weil das Feuer der Kerze meine Freude leuchten lässt.

Später habe ich begonnen, mich vor dem Moment am Kerzenständer in eine Bank zu setzen und ganz für mich, oft mit geschlossenen Augen oder aber mit Blick ins Gewölbe oder auf die bemalten Fenstergläser, auf das Kerzenanzünden vorzubereiten. In diesen Momenten konnte ich erst einmal in Ruhe daran denken, weswegen ich gerade hergekommen war: worüber ich gerade so tief traurig war, worüber ich mich gerade so wahnsinnig freute.

Ich liebe dieses kleine Ritual im Alltag. Was ich besonders

großartig daran finde: Ich kann es nicht nur sonntags leben, nach dem Gottesdienst zum Beispiel. Ich kann es auch an einem Mittwochmittag, einem Freitagmorgen oder einem Samstagnachmittag. Einfach so, mitten am Tage, mitten im Alltag. Ein Licht, ein Leuchten, ein Lächeln. Zwischen Schreibtisch und Zuhause, Einkauf und Wäsche. Ein Fenster, das einen Raum öffnet für Trost und Dankbarkeit.

Eine lange Autofahrt in die Berge kann ich mir gar nicht mehr vorstellen, ohne zumindest ein Mal bei einem der blau-weißen Hinweisschilder mit dem schwarzen Kirchensymbol abzubiegen. Natürlich machen wir auf unseren Reisen auch Pausen an Raststätten. Eine Rast ist das aber nie wirklich. Eigentlich geht es nur darum, möglichst zügig die Toilette zu finden und danach die noch nicht eingelösten Wert-Coupons zu suchen, ob sich davon endlich etwas kaufen ließe. Rast im Sinne von Ruhe finde ich dort nicht. Ich versuche zwar, meinen Körper ein wenig in Schwung zu bringen, und was die anderen Autofahrer denken, wenn sie meine gymnastischen Übungen sehen, ist mir egal.

Zur Ruhe aber komme ich nur, und das nahezu augenblicklich, wenn ich eine Autobahnkirche betrete. Sie entsprechen von außen (und von innen) zwar oft nicht meinem Geschmack – sie sind einfach nicht alt genug. Aber die Möglichkeit, dort eine Kerze anzünden zu können und mich für ein paar Minuten oder auch nur Sekunden ganz und gar darauf zu konzentrieren, wofür ich mich gerade bedanken möchte und was ich mir für die nächsten Wochen wünsche: Dieser Moment allein reicht mir, um immer mal wieder einem Hinweisschild zu folgen, abzubiegen und die Zeitverzögerung in Kauf zu nehmen.

Oft sage und denke ich an diesen Orten tatsächlich, dass ich hier Gott für etwas danke und bei Gott auf etwas hoffe. Dann weiß ich, dass es nur Gott sein kann, wo ich das, worum es mir in diesem Augenblick geht, finden und lassen kann. Es gibt dann keine andere Adresse für meine Gedanken und meine Gefühle.

Das ist aber nicht immer so. Nicht immer formuliere ich an diesen Orten, dass ich mich bei Gott bedanke. Ganz häufig denke ich zwar an Gott, spreche es aber nicht aus. Ich sage dann einfach nur „danke", anstelle von „Gott, ich danke dir". Das mag daran liegen, dass ich Gott nicht immer als klaren Adressaten empfinden kann, dass ich nicht immer klare Begriffe habe für den Gott, mit dem ich lebe. Deshalb lasse ich seinen Namen oft lieber weg, anstatt ihn aus Gewohnheit zu nennen oder auch aus dem Versuch heraus, Gott eine klare, konkrete Vorstellung zu geben. Was mir vor allem wichtig ist, sind die Gefühle: Dankbarkeit und Hoffnung. Diese Gefühle habe ich erst an Kerzen in Kirchen gelernt, hier kann ich sie noch heute am besten bündeln.

Hin und wieder lese ich in Autobahnkirchen auch Dinge, die mich sehr beeindrucken. In Klagenfurt, Österreich, las ich zum Beispiel: „Hier bei uns und im größeren Haus Europas bedarf es dringend der Einhauchung der Seele als Grundlage für eine neue Lebens-, Kultur- und Wirtschaftsform." Das lese ich dort so fast nebenbei auf einem einfachen gelben Zettelchen mit Informationen über den Bau der Kirche – und kann mich der Haltung des Dechants nur anschließen.

„Hier kann jeder nachdenken und dann gefasster weiterfahren, kann danken und bitten für die weitere Lebensreise", steht auf der nächsten Seite. Genauso empfinde ich es: Ich fahre gefasster weiter, wenn ich hier meine Kerze angezündet, (Gott) gedankt und um etwas gebeten habe.

12

Die unerschrockene Freundin

*Der Herr erhörte unser Schreien und sah
unser Elend, unsere Angst und Not.*

5. MOSE 26,7

Zu einer Zeit, als ich auf einmal wieder allein aufwachte und allein zu Abend aß, als freie Tage wirklich frei waren und manchmal leer, da las ich auf der Terminseite unserer Lokalzeitung, dass es am Karfreitag eine Gedenkstunde mit Orgelandacht zur Sterbestunde Jesu gibt. Das passte zu meiner Stimmung. Denn meine neue Freiheit war nicht meine Entscheidung gewesen, ich hatte sie mir nicht gewünscht. Ich wäre lieber nicht alleine aufgewacht und hätte nicht allein zu Abend gegessen.

Orgelmusik mochte ich zwar nicht besonders, sie wirkte auf mich oft zu gewaltig, dröhnend, pompös. Aber ich hatte das Bedürfnis zu trauern, und zu Hause gelang mir das nicht. Nur dazusitzen und traurig zu sein, das funktionierte nicht. In mir sagte immer etwas: Na komm, reiß dich zusammen, na komm, geh raus, geh zum Sport, mach dir einen Kaffee. Komm schon, sei stark.

Ich las, dass die Andacht diejenige Pastorin hält, die ich aus meinem beruflichen Kontext seit vielen Jahren kannte und schätzte. Die Superintendentin, die ich Jahre zuvor interviewt hatte und in deren Auftrag ich das Buch über unsere Kirchen machen durfte. Die ich mittlerweile ganz gut kannte. Ich dachte also, okay, so schlimm wird es schon nicht werden, wenn diese Pastorin die Andacht hält. Denn natürlich hatte ich Angst vor einer Andacht zur Sterbestunde Jesu. Das ist schon ein anderer Einstieg in das Thema Gottesdienst als eine Kantate am Ostermontag.

Heute weiß ich nichts mehr von den Worten, die sie für diesen Karfreitag zum Gedenken an den Tod Jesu wählte. Ich weiß nur noch, dass mich die traurige Stimmung unter den Menschen in der Kirche tröstete. Dass auch andere Menschen Traurigkeit ausstrahlten, beruhigte mich. Auch wenn sie vermutlich einen ganz anderen Grund für ihre Traurigkeit hatten als ich. In dem Augenblick spielte das keine Rolle für mich und meinen Trost. Denn mein Gefühl war das der anderen. Es war nicht allein.

Ich fühlte mich zwar nicht besser, als ich die Kirche verließ. Aber immerhin war ich für eine knappe Stunde still geworden und hatte mir meine Traurigkeit erlaubt.

Am nächsten Tag ging ich wie jeden Samstagmorgen zu jener Zeit in mein Lieblingscafé, um in Gesellschaft zu frühstücken. Ich ging stets alleine dorthin. Natürlich hätte ich auch zu Hause frühstücken können wie an jedem anderen Tag der Woche. Aber am Samstag wollte ich unter Menschen sein, bevor ich auf den Markt ging zum Einkaufen. Verabreden wollte ich mich dort allerdings nicht – dann wäre ich ja gefragt worden, wie es mir geht.

Phasen wie jene hatte ich bislang folgendermaßen gehandhabt: Ich kam alleine klar, riss mich zusammen, ging raus, ging zum Sport, kochte mir Kaffee und war stark, bis es mir wieder besser ging. Und dann erzählte ich manchmal meinen Freundinnen und Freunden, dass es mir zuvor nicht so gut gegangen war. Aber jetzt sei alles schon wieder viel besser. Natürlich.

An diesem Ostersamstag traf ich im Café auf eine Bekannte, die ich seit Jahren über eine gemeinsame Freundin kannte und mochte, mich aber so gut wie nie mit ihr zu zweit getroffen und sie in den Monaten zuvor noch nicht einmal zufällig auf der Straße gesehen hatte. Sie war mit zwei anderen dort, sodass wir uns nur begrüßen und kurz miteinander sprechen konnten.

Was auch immer da in mich fuhr: Als sie fragte, wie ich den freien Tag zuvor verbracht habe, erzählte ich ihr, dass ich bei der Orgelandacht zur Sterbestunde Jesu in der Kirche gewesen sei. Ob sie selbst ab und zu in eine Kirche geht, wie sie zu Kirche und Gott steht, ob sie überhaupt konfirmiert wurde oder katholisch oder gar nichts ist: Ich hatte keine Ahnung. Und was sagte sie auf meine Erzählung, die ich einigermaßen wagemutig fand?

Sie sagte: „Ach, und wie war das? Da wollte ich auch schon immer mal hin."

Ich hatte mit einer Reaktion gerechnet, die eine gewisse Art von Schock in sich trägt. Verwunderung. Unverständnis. Da von all dem keine Spur zu spüren war, konnte ich kaum mehr antworten als: „Ach, das war ganz schön. So mit Orgel und so."

Sie erzählte dann, dass sie am Ostermontag immer zum Kantatengottesdienst in ihrer Kirche gehen würde, das sei auch immer sehr schön, so mit Chor und Orchester. Ich weiß gar nicht, ob ich damals überhaupt schon wusste, was ein Kantatengottesdienst ist. Aber Chor und Orchester klangen für mich gut, und Ostermontag hatte ich noch nichts vor.

Sie sagte, es sei immer sehr voll und man müsse früh da sein, und als meine Augen sich weiteten, sagte sie gleich noch, dass sie mir einen Platz reservieren könne – gleich am Gang. Sie würde ohnehin gehen, ob mit mir oder ohne. Und wenn ich doch nicht käme, würde der Platz ganz sicher um kurz vor 10 Uhr noch dankbar von jemandem genutzt, so gleich am Gang, ohne sich durch eine Reihe quetschen zu müssen.

Ich brauchte also nicht früher aufzustehen als nötig, ging keinerlei Verpflichtungen ein und musste einfach nur „ja, warum nicht" sagen, um für diesen leeren freien Tag etwas zu planen, das ich noch nie im Leben getan hatte. Und wenn es mir am Morgen nicht mehr geheuer sein würde, was ich da zugesagt hatte, könnte ich absagen, ohne dass etwas passiert. Ohne dass ich die Pläne von jemandem umwerfe. Ohne dass ich jemanden enttäusche.

Als mich diese Bekannte dann nach dem Gottesdienst vor der Kirche fragte, wie es mir denn so ginge, da sagte ich, was auch immer da wieder in mich fuhr: „Nicht so gut."

Und als sie fragte, ob wir uns mal auf einen Kaffee treffen und ich ein bisschen erzählen wolle – sie habe am Mittwoch frei und noch nichts vor: Da sagte ich Ja.

Es war gut für mich, dass wir zu diesem Zeitpunkt noch nicht so eng waren. Dass wir uns eine ganze Weile gar nicht gesehen hatten und sie vieles gar nicht wusste, gar nicht miterlebt hatte, was in meinem Leben passiert war. Sie also keine konkreten Fragen stellen konnte, nichts „abfragen" konnte, sondern ich selbst entscheiden konnte, was ich erzähle. Und keine Angst haben musste, eine enge Freundin zu kränken, weil ich auf bestimmte Fragen nicht antworten möchte. Bei diesem Kaffee merkte ich zum ersten Mal im Leben, wie gut es tun kann, schon während es mir schlecht geht, davon zu erzählen – und nicht erst danach.

Und dieser Mensch machte einfach weiter: Das nächste Angebot lautete, am Sonntag bei ihr mitzuessen. Sie würde sich eine Suppe kochen, und die Menge sei ohnehin zu viel für eine Person: Ich könne also einfach mitessen. Ohne, dass sie dafür etwas anders machen würde als sonst. Und wenn mir am Sonntagmorgen doch nicht nach Gesellschaft sein sollte, könne ich kurzfristig absagen. Sie würde die Suppe ohnehin in dieser Menge kochen und sich ohnehin nicht anderweitig verabreden, ob ich komme oder nicht. Ich ging also keine Verantwortung ein, die ich eventuell nicht erfüllen können würde, und sagte wieder Ja.

Wir haben im Laufe des folgenden Jahres viel zusammen gemacht, haben gemeinsam Gottesdienste besucht, die Vesper im Kloster unserer Stadt besucht und anschließend mit den Konventualinnen Wein getrunken und gelacht.

Und dann wurde ich ihre Trauzeugin und durfte sie in den nächsten Abschnitt ihres Lebens begleiten, der sie in eine andere Stadt führte.

Wir haben nicht lange intensiv miteinander Zeit verbracht, bloß etwa ein Jahr. Aber dieser Mensch war wieder einer dieser Menschen, an dem ich etwas ausprobierte und mit dem ich etwas erlebte, das neu für mich war. Und eine Reaktion auf mein Verhalten erhielt, von der ich merkte: Das tut ja gut! Und im Erleben des Neuen spürte: Das rührt mich ja.

Wenn wir uns heute per Nachrichten auf dem Handy auf dem Laufenden halten, was so los ist bei uns: Dann geht es nicht darum, welche Kinofilme wir zuletzt gesehen haben. Sondern dann liegt die Seele immer mit auf dem Tisch. Und ich habe die Sicherheit, dass es ausreicht, das zu tun für die Aufrechterhaltung des Kontakts, was ich kann. Wenn ich mich eine Weile nicht melde, dann melde ich mich eben nach dieser Weile. Und wenn ich es jetzt gerade nicht schaffe, sie zu besuchen, dann werde ich es eines Tages schaffen. Wenn ich es nicht hinbekomme, eine Woche nach der Geburt ihrer Tochter eine Karte zu schreiben, dann eben einen Monat danach. Oder zwei Monate.

Es kränkt sie nicht, und es enttäuscht sie nicht, wenn ich meine eigenen Erwartungen nicht erfülle. Sondern sie wartet, bis sie merkt, dass ich wieder etwas mehr Luft im Leben habe, und fragt mich dann, ob ich mir vorstellen kann, Patin ihrer Tochter zu werden.

Dieser Mensch kam zu mir, weil mein Schreien erhört wurde, obwohl es lautlos war. Und weil mein Elend, meine Angst und Not gesehen wurden, obwohl ich sie zu verbergen versuchte. Ich habe zwar nicht immer eine klare Vorstellung von Gott. Aber das, was ich mit diesem Menschen erlebt habe und erlebe: Auch das ist heute Gott für mich. Anders ausgedrückt: Auch in solchen Menschen zeigt sich Gott bei mir. Winkt mir nicht nur zu, sondern reicht mir die Hand.

Die Hand eines Menschen, der aus dem Nichts zu kommen scheint, der mich zu sich einlädt und der mir seine Hilfe anbietet – und nicht von mir erwartet, dass ich all das auch annehme.

13

Meine ersten Gottesdienste

Wer aber von dem Wasser trinkt,
das ich ihm geben werde,
wird niemals mehr durstig sein.

JOHANNES 4,14

Als ich meine ersten Gottesdienste besuchte, hatte ich vorher schon etwas anderes getan – zum Glück. Denn ansonsten wäre es schwierig für mich geworden im Gottesdienst. Zu sehr schrecken mich Begriffe ab wie „Heiland", „König" oder „Fürst", „herrschen" oder „Untertan machen". Hätte ich von diesen Begriffen im Gottesdienst gehört und in den Liedtexten gelesen, ohne vorher in irgendeiner Weise vorbereitet gewesen zu sein: Ich hätte mich in meiner Meinung vermutlich bestätigt gefühlt, dass diese „Kirche" nichts für mich ist – freilich, ohne eine konkrete Vorstellung von dieser „Kirche" gehabt zu haben.

Zwar hatte ich mich nicht bewusst vorbereitet auf meine ersten Gottesdienstbesuche, genauso wenig wie mein übriger Weg zu Gott und in die Kirche geplant gewesen war. Aber das, was ich im Laufe der Jahre erlebt hatte – die Gespräche mit der Superintendentin (ihre bedingungslose Unterstützung als Seelsorgerin erfuhr ich erst später), die jahrzehntelange Freundschaft zu meinem ersten Engel, die Hände der unerschrockenen Freundin und der Frau, die den Löwen den Rachen verschloss – und später die

Ruhe, die mich in Kirchen fand –, hatte mich nicht nur neugierig auf die kleinen Kapellen und ihre Geschichten gemacht, sondern das ganze große Thema an sich.

Ich wollte mehr wissen. Ich wollte wissen, worum es da eigentlich geht. Und da ich mich anfangs nicht traute, dafür einen Gottesdienst zu besuchen oder die Superintendentin um ein Gespräch darüber zu bitten, das nicht den bis dahin zwischen uns üblichen Charakter von Journalistin und Interviewpartnerin hatte, las ich ein Buch. Es heißt „Gott für Neugierige", und dieser Titel gefiel mir sehr, denn neugierig war ich tatsächlich sehr und bin es ohnehin stets und werde es immer sein. Ich erinnere gar nicht viel aus diesem Buch. Ich besitze es selbst auch nicht mehr, weil ich es weitergegeben habe an einen anderen Menschen, der ebenfalls neugierig geworden war, ob „Gott" nicht vielleicht etwas ganz anderes sein könnte, als sie bislang gehört und gedacht hatte. Ich kann also nicht mehr nachschlagen und nachsehen, was ich da vor ein paar Jahren gelesen habe.

Aber ein Satz ist übrig geblieben. Dieser Satz sagt für mich alles, er bedeutet für mich alles und hat damit auch alles für mich verändert. Er zählt nur vier Wörter und ist so schlicht und einfach, dass man ihn vielleicht sogar überlesen kann in all dem, was man so liest und hört über Gott. Vielleicht hätte ich diesen Satz vor 20 oder 30 Jahren ebenfalls überlesen. Weil meine Aufmerksamkeit dafür nicht offen gewesen ist, was dieser Satz meint, und mein ganzes Sein in eine völlig andere Richtung ausgelegt war. Weil ich ihn gar nicht verstanden hätte, im Kern seines Wesens und in seiner ganzen Konsequenz.

Der Satz lautet: Gott ist die Liebe.

Als ich diesen Satz zum ersten Mal las, da dachte ich: ach so! Und dieses „Ach so" müssten Sie eigentlich laut lesen, um dem nahezukommen, was damals in mir vorgegangen ist. Es war ein „Ach so" mit drei Ausrufezeichen, ein „Ach so", das gerufen wird, ein „Ach so", bei dem man sich mit der Hand an die Stirn schlägt. Ein „Ach so", nach dem alles anders ist. Ein „Ach so", das alles über den Haufen warf, das alles neu machte und alles möglich.

Das meine Perspektive änderte und meinen Blick aufspannte. Dieses „Ach so" veränderte meinen Fokus. Waren meine Gedanken und meine Meinung bis dahin ein klarer Strahl gewesen, vielleicht sogar ein Pfeil mit einer Spitze daran, nahm dieser eine Satz meiner Haltung die Härte. Er nahm mir die Klarheit und schenkte mir einen Augenblick der Tabula rasa.

Die innere Tafel, auf der die Glaubenssätze meiner bisherigen Vorstellung von Gott standen, war leergewischt. Auf einmal stand nichts mehr darauf auf dieser Fläche, die sich vor Jahrzehnten gefüllt hatte und mit der ich mich viele Jahre gar nicht groß beschäftigte. Sie war ja vollgeschrieben und für gut befunden, und einen Anlass, etwas wegzuwischen und Neues daraufzuschreiben, hatte ich nicht.

Jetzt war sie mit einem Schlag frei. Befreit. Sie war befreit von festgezurrten Vorstellungen, die so klar und eindeutig waren, dass sie nichts neben sich zuließen. Das war auf der einen Seite zwar bequem und einfach gewesen, weil ich mich und meine Haltung nicht ständig neu justieren musste, vordergründig ja auch nichts vermisste und mich ganz wohlfühlte in meiner Ablehnung.

Auf der anderen Seite hat mich das Abwischen meiner inneren Tafel aber von viel mehr befreit als von meinem verkorksten Gottesbild. Denn dadurch, dass ich ganz neu über Gott nachdenken konnte, konnte ich auch ganz neue Erfahrungen machen. Ganz neue Gefühle zulassen und ganz neue Kräfte mobilisieren.

Ich saß also da in meinen ersten Gottesdiensten, hörte in den

Epistellesungen und las in den Liedtexten oder auch Psalmen Formulierungen, mit denen ich nichts anfangen konnte – und ich schuf Abhilfe. Alle Begriffe, die meiner Einschätzung nach als Synonym für „Gott" gebraucht wurden und die beim Hören und Lesen ein inneres Stirnrunzeln hervorriefen, ersetzte ich kurzerhand durch „Liebe". Ich könnte auch sagen: Ich übersetzte die mir fremde Sprache simultan in meine eigene. Und war fasziniert, ja im ganzen Körper erfüllt von einer Begeisterung, die mein „Ach so" zu einem ganzen Satz werden ließ: „Ach so, deswegen sind die Menschen, von denen ich so viel halte, so sehr von ihrem Glauben überzeugt." Weil ich spürte, wie großartig es wäre, wenn die formulierten Bitten und Wünsche tatsächlich Wirklichkeit wären: dass die Liebe die herrschende Kraft sei und alles regieret.

Wie wunderbar wäre das? Ich genoss die Vorstellung, dass die Liebe alles durchdringt und in allem ist. Ich saß da und ließ meine Gedanken schweifen, wo und wie sich überall die Liebe zeigt und zeigen kann, wie vielschichtig sie ist und was sie zu bewirken imstande ist.

Ich genoss das Singen, denn ich singe schon immer gern, und die einfachen Melodien machten es mir leicht, hineinzukommen in die fremden Lieder. Ich war fasziniert, wie oft ich in den Texten Zeilen und Formulierungen wiederfand, die zu etwas passten, was ich selbst erlebt hatte, und ich war begeistert von der Erkenntnis, wie alt viele der Texte sind.

Ich ließ geschehen, was um mich herum geschah, ich hörte ein wenig zu und dann wieder nicht, ich dachte darüber nach, was ich da hörte, und darüber hinaus über alles, was mich beschäftigte. Ich merkte, wie mich eine Ruhe fand, die ich so noch niemals sonst gespürt hatte.

Die sich wiederholenden Gesänge von Pastorin/Pastor und Ge-

77

meinde haben mich zunächst zwar verunsichert. Es gab keinen Zettel, auf dem stand, was als Nächstes passierte, und schon gar nicht, welche Melodie und welchen Text ich singen sollte. Das fand ich schade, denn ich hätte gern mitgesungen. Es war auch ein wenig verstörend, dass alle anderen wussten, was zu tun ist, nur ich nicht.

Mittlerweile sehe ich in manchen Kirchen kleine Hefte mit dem Ablauf des Gottesdienstes – das finde ich gut. Es gibt Neuen, wie ich es damals war, etwas an die Hand, das zeigt: Guck mal, das passiert hier. Es macht nichts, dass du das nicht weißt. Du kannst trotzdem alles mitmachen, wenn du möchtest.

Mittlerweile empfinde ich diese Wiederholungen als sehr angenehm, gerade auch in ganz fremden Städten finde ich es toll, etwas zu erleben, das mich mit dem Fremden verbindet. Das ist so ähnlich wie etwas, das ich einmal in der Oper in Kopenhagen erlebt habe: Ich kann kein Dänisch, aber in der Oper war das völlig egal. Weil die Musik dieselbe ist – und die Sprache des Librettos auch. So ähnlich empfinde ich mittlerweile die Rituale eines Gottesdienstes: Sie verbinden fremde Menschen miteinander. Ich finde, das ist etwas sehr Starkes, das viel Kraft geben kann.

Sogar an den mächtigen Klang der Orgel gewöhnte ich mich langsam. War mir ihre Kraft anfangs zu stark, konnte ich mich nach und nach richtig reinlegen in den satten Sound, der diese riesigen Räume erfüllt. Ich ertappte mich, wie ich begann, mit dem Kopf mitzuwippen, wenn mir danach war, und hoffte, dass dies niemand als unpassend empfindet.

Und ich ging aus jedem Gottesdienst hinaus mit dem wunderbaren Gefühl, hier zumindest einen Satz, einen Gedanken zum ersten Mal im Leben gehört zu haben. Natürlich erlebte ich auch mal einen Reinfall, einen Gottesdient mit einer Predigt, die mir rein gar nichts sagte und die ich als hohl und voller Phrasen empfand, deren praktischer Inhalt mit fehlte.

Aber ich wählte und wähle meine Gottesdienste und Kirchen sehr genau aus nach den Menschen, die dort predigen, oder nach der Musik, die Teil des Sonntags ist, und fahre damit einen wirklich guten Kurs für mich. Und selbst wenn ich heute nicht mehr wie zu Beginn jedes Mal mit einer für mich bahnbrechend neuen Erkenntnis aus der Kirche nach Hause gehe: Dann habe ich zumindest eine gute Stunde lang in Ruhe darüber sinniert, was mir gerade auf dem Herzen liegt, worüber ich mir Sorgen mache, wovor ich Angst habe, was ich mir wünsche und was ich erhoffe, worüber und worauf ich mich freue, wofür ich dankbar bin und was Gutes geschehen ist in den Tagen, Wochen, Monaten und Jahren zuvor.

Ja, auch Jahren. Denn mein Nachholbedarf an Bewusstmachung dessen, was alles geschehen ist in meinem Leben, wie viele Veränderungen ich erlebt habe und wie das alles auf mich gewirkt hat, wie ich früher gelebt habe und wie ich jetzt lebe, ist wirklich sehr groß. Da ist es gar nicht schlimm, wenn die Predigt, Entschuldigung, liebe Pastorinnen und Pastoren, nicht immer meine volle Aufmerksamkeit bekommt.

Der Gottesdienst ist für mich zu einem Augenblick geworden, in dem ich innehalte und darüber nachdenke, was mir widerfahren ist und widerfährt im Leben. Und während ich im Alltag außerhalb einer Kirche oder eines Gottesdienstes zu schnell abgelenkt bin von diesen Gedanken, zu schnell zu etwas anderem wechsle und diese Gedanken niemals zu Ende führe, schafft mir die Umgebung und das, was da um mich herum passiert, ohne dass ich irgendetwas dafür tun muss oder irgendetwas dazu beitragen muss, genau das: Ich kann einfach nur denken und fühlen und sonst nichts.

Ich mag die Ideen, auf die mich manch ein Psalm bringt, die Gedanken, die ich mir über manch eine Stelle aus der Bibel machen kann.

Oder haben wir etwas mitgebracht, als wir in diese Welt kamen? Nicht das Geringste! Und wir werden auch nichts mitnehmen können, wenn wir sie wieder verlassen. Wenn wir also Nahrung und Kleidung haben, soll uns das genügen.

1. TIMOTHEUS 7,8

Dein Ziel soll etwas anderes sein: ein Leben, das erfüllt ist von Gerechtigkeit, Ehrfurcht vor Gott, Glauben, Liebe, Standhaftigkeit und Freundlichkeit.

1. TIMOTHEUS 11

Und was erwartet man von jemand, dem eine Aufgabe anvertraut ist? Man erwartet, dass er sie zuverlässig ausführt.

1. KORINTHER 4,2

Soll denn das Schwert ohne Ende fressen? Weißt du nicht, dass daraus am Ende nur Jammer kommen wird?

2. SAMUEL 2,26

Geht nachsichtig miteinander um und vergebt einander, wenn einer dem anderen etwas vorzuwerfen hat. Genauso, wie der Herr euch vergeben hat, sollt auch ihr einander vergeben.

KOLOSSER 3,13

Gott muss man mehr gehorchen als den Menschen.

APOSTELGESCHICHTE 5,29

Wenn ich mir vorstelle, wie uralt diese Worte sind und wie anders die Umstände waren, unter denen die Menschen, die sie schrieben, damals lebten, als wir heute leben: Dann bin ich im höchsten Maße fasziniert davon, wie stark ich sie heute als gute, erstrebenswerte Grundlagen eines gesellschaftlichen Zusammenlebens und des eigenen individuellen Lebensstils empfinde – auch, wenn es mir nicht gelingt, ihnen immer zu folgen.

14

Mein erstes Abendmahl

*Wohlan, alle, die ihr durstig seid,
kommt her zum Wasser!*

JESAJA 55,1

Als ich das erste Mal in meinem Leben bewusst ein Abendmahl beobachtete, fand ich das unheimlich. Selbstverständlich blieb ich in meiner Bank sitzen, als die anderen nach der Aufforderung der Pastorin oder des Pastors nach vorne gingen, gesenkten Kopfes, sich in einem Kreis aufstellten und weiterhin gesenkten Kopfes und mit vor dem Bauch gefalteten Händen darauf warteten, von einer Frau oder einem Mann etwas überreicht zu bekommen. Und danach sogar alle aus demselben Gefäß etwas tranken. Mich befremdete das sehr.

Die stets gesenkten Köpfe entsprachen nicht meiner Einstellung zum Leben an sich, ich konnte dem, was ich da beobachtete, nichts von dem Kräftigenden entnehmen, das ich selbst mittlerweile mit dem Abendmahl verbinde. Ich konnte ja auch nicht verstehen, was da vorne gesprochen wurde, und mir erschien die Situation wie das Ritual einer sich miteinander verschwörenden Gruppierung, zu der ich zum damaligen Zeitpunkt nicht dazugehören wollte.

Als ich dann erfuhr, dass man da vorne den „Leib Christi" aß und das „Blut Christi" trank: Was soll ich sagen. Es gab wohl wenig, das ich mir hatte weniger vorstellen können als das. Das ich

weniger wollte und das ich als weniger nachahmenswert empfand.

Das Schöne an dieser Empfindung damals war: Ich verwandelte
meine Wahrnehmung nicht zu einer Beurteilung. Ich saß nicht in
der Kirchenbank, wunderte mich über das für mich seltsame Geschehen da vorne und urteilte im zweiten Moment darüber. So,
wie ich es früher stets getan hatte.

Sondern ich saß da und wunderte mich einfach nur. Ich nahm
einfach nur wahr, was dort geschah und wie sich das Ganze für
mich anfühlte. Mehr nicht.

Und das war großartig. Ich spürte tatsächlich, wie viel freier ich
mich schlagartig fühlte. Befreit vom Urteil. Befreit von der Beurteilung. Diese Art der Freiheit sollte ein paar Jahre später mein
ganzes Ich auf den Kopf gestellt haben.

Dieser Augenblick war der Anfang einer gesamten Neuausrich-
tung meines Inneren in seiner Haltung zum Äußeren. Etwas, das
andere taten, wahrzunehmen, zu akzeptieren und zu respektieren,
ohne mir selbst ein Urteil darüber zu bilden: Das hat, und ich
übertreibe mit dieser zugegebenermaßen abgegriffenen Formulierung nicht, mein Leben verändert. Und das erste Mal habe ich es
bei einem Abendmahl erlebt.

Gleichzeitig war ich natürlich auch in diesem Punkt neugierig
und wollte wissen, was da eigentlich genau passiert und warum die
Menschen das tun. In meiner Wahlheimatstadt allerdings traute
ich mich tatsächlich so lange nicht nach vorne, bis ich konfirmiert
und in die Kirche eingetreten war. Ich muss heute über mich selbst
lachen, was da eigentlich los war mit mir. Aber ich glaube, ich
spürte nicht nur eine große Fremdheit diesem Geschehen gegenüber, sondern auch einen riesigen Respekt.

Mein Gefühl war, dass ich als Nichtmitglied der Kirche auch

nicht da vorne hingehöre. Ich hatte das Gefühl, damit eine Grenze zu überschreiten. In den Tanzbereich der anderen Menschen zu poltern. Ich wollte mich mehr eins mit dem großen Ganzen fühlen, bevor ich mich dieser Gruppe anschließe und ihre Einladung annehme. Vorher, so war mein Gefühl, hätte ich diese Einladung ausgenutzt, und ich hätte es als auf eine ungewisse Weise unehrlich gefunden, mich mit in diese Gruppe zu stellen.

Meine Neugier befriedigen konnte ich stattdessen in meiner Heimatstadt. In dem Kalender der Hauptkirchen Hamburgs hatte ich mir einen Sonntag mit einem Kantatengottesdienst herausgesucht, den ich gern besuchen wollte – nicht alleine, sondern mit meiner alten Schulfreundin, von der ich wusste, dass sie jene Kirche gern besuchte. Meinem ersten Engel.

Wir verabredeten uns also für den Sonntag, und ich fuhr in die große Stadt – nicht für einen Opernbesuch, nicht für eine Ausstellung, nicht zum Shoppen und nicht für eine Kneipentour. Sondern für einen Gottesdienst! Das allein war irre genug.

Der Gottesdienst ging lang, der Pastor sprach zu viel für meinen Geschmack, aber die Musik tröstete mich darüber hinweg. Ein Chor, der Bach singt. Das reichte mir, um meine Entscheidung für den Sonntagsausflug der etwas anderen Art nicht zu bereuen. Als es ans Abendmahl ging, flüsterte ich meiner Freundin ins Ohr, ob ich da wohl auch hindürfe (sie wusste ja: nicht konfirmiert, kein Kirchenmitglied), und sie rief flüsternd zurück: „Natürlich!", nahm meine Hand, lächelte mich an und sagte: „Na, komm!"

Ich würde jetzt gern etwas Spektakuläres davon erzählen können, wie es denn nun war, mein erstes Abendmahl. Aber es war nicht spektakulär. Ich hatte meine Freundin auf dem Weg nach vorne noch gefragt, ob ich aus dem Becher trinken müsse, und hatte beruhigt erfahren, dass ich die Oblate auch in den Traubensaft tunken könne (wir gingen zum Traubensaft, am Sonntagmorgen Rotwein zu trinken, konnte ich mir tatsächlich nicht vorstellen). Ich weiß nur noch, dass mir sehr warm wurde da vorne, eine schöne, innere Wärme. Und dass mir der Gedanke gefiel: „Wenn der Pastor wüsste, wer hier vor ihm steht." Wer im Sinne von: mit welcher Geschichte. Ich weiß, dass mich das innerlich lächeln ließ. Und dass ich meinen Herzschlag spürte und dachte: So ist das also hier. Irgendwie interessant.

Wenn ich heute vom Abendmahl zurück zu meinem Platz in der Bank gehe, bin ich jedes Mal berührt von der Nähe, die zwischen den eigentlich fremden Menschen durch dieses Ritual entsteht. Ich fühle mich gekräftigt und genieße es, dass für einen Moment die Menschen, die in dem großen Kirchenraum ansonsten eher weit weg voneinander sitzen, nah zusammenkommen und sich mitunter mein Blick mit dem eines anderen Mannes oder einer anderen Frau trifft und die Augen dann zu lächeln beginnen. Ich finde es toll, da vorne manchmal Menschen zu begegnen, von denen ich bis zu diesem Moment gar nicht mitbekommen hatte, dass sie auch hier sind und dass sie an diesem Morgen dieselbe Entscheidung getroffen haben wie ich: den Tag in der Kirche zu beginnen mit einem Lob an Gott.

Die Aufforderung, nach vorne zu kommen, empfinde ich mittlerweile als herzliche Einladung. Ich genieße es, zwischendurch von meinem Platz aufzustehen, meinen Ort in der Kirche zu verändern und damit auch meinen Blick in den Raum. Ich gehe nicht mit gesenktem Kopf nach vorne, sondern in der Regel aufrecht nach vorne blickend, und wenn ich vorne darauf warte, dass die Oblate oder das Gefäß mich erreicht, dann sehe ich oft ganz nach oben anstatt zum Boden.

Natürlich kommt meine Körperhaltung auf meine innere Stimmung an. Wenn ich mich schwach fühle oder ich Tränen in den Augen habe, dann habe ich nicht immer die Kraft, trotzdem geradeaus zu sehen, dann möchte ich auch nicht immer, dass die anderen Menschen um mich herum meine Tränen sehen. Manchmal stört es mich allerdings auch gar nicht, dass sie sie sehen und Einblick in mein Inneres bekommen – und manchmal finde ich sogar genau das schön. Weil ich in solchen Momenten mitunter einen Blick von einem anderen Menschen bekomme, der mich tröstet. Einfach nur, weil er da ist und mich mit meinem Gefühl wahrnimmt. Ich möchte ja gar nicht mit diesem Menschen sprechen in diesem Moment, die reine Anwesenheit und das stille Teilen des Augenblicks reicht vollkommen und macht es mir sehr angenehm, mein Gefühl nicht zu stoppen.

Häufig hält nämlich genau das mich davon ab, ein trauriges Gefühl zu zeigen, wenn andere dabei sind: Bemerkt es jemand, möchte dieser Mensch in der Regel mit mir darüber sprechen oder fragt zumindest nach. Genau das kann ich aber nicht immer und möchte es auch nicht immer. Die Kirche und das Abendmahl sind daher gute Orte für mich, ein eigenes Gefühl zu zeigen und damit nicht allein zu sein, ohne gleichzeitig Angst zu haben, darüber reden zu müssen.

Neu und ungewohnt am Abendmahl ist für mich auch, dass ich etwas bekomme, ohne etwas dafür tun zu müssen. Das leidige Thema der Leistung. Bislang kann ich mir daher überhaupt nicht vorstellen, beim Abendmahl vorne zu stehen und darauf zu warten, dass mir jemand den Kelch an die Lippen setzt und ihn eventuell sogar noch anhebt, damit ich daraus trinken kann. Ich beobachte das mitunter bei anderen, vor allem älteren Menschen. Sie stehen einfach nur da und warten darauf, dass das Gefäß an ihren Mund geführt wird.

Für mich ist diese Vorstellung seltsam. Ich fühle mich damit zu passiv. Ich möchte, wenn überhaupt, den Kelch selbst in die Hand nehmen und zu meinen Lippen führen. Bisher tunke ich ohnehin nur die Oblate in den Traubensaft und schlucke sie dann herunter, mit ein wenig Qual dabei, weil die Mischung aus Oblate und Saft so wenig schmeckt. Mit fremden Menschen aus demselben Gefäß zu trinken, empfand ich lange als eklig. Ich hatte auch nicht gesehen, dass der Kelch stets ein Stück gewendet wird, damit jeder Mensch ein unbenutztes Stück des Randes zum Trinken erhält. Seit ich das weiß, sehe ich die Sache anders.

Ich habe mittlerweile sogar schon mein erstes Abendmahl aus dem Kelch getrunken. Diese Entscheidung entstand allerdings weniger bewusstseinsverändernd oder -verändert, als ich es mir zuvor so lange vorgestellt hatte. Denn als ich zu dem Entschluss gekommen war, dies als nächsten Schritt auf dem Kirchenweg zu gehen – und den fasste ich mehr als ein Jahr nach meiner Konfirmation, also nach mehr als einem Jahr getunkter Abendmahle –, da stellte ich es mir sehr aufregend vor, wie ich da das erste Mal stehen würde und ganz bewusst die Oblate trocken schlucken und dann den ersten Schluck Traubensaft in meinem Leben aus einem kirchlichen Kelch trinken würde.

Aber was soll ich sagen. Als ich dies das erste Mal tat, hatte es folgenden Grund: Ich hatte einen dermaßen trockenen Hals während des Gottesdienstes, dass ich schon kurz davor gewesen war hinauszugehen, um nicht alle mit meinem Husten zu nerven. Da kam ein Schluck zu trinken gerade recht. Ich musste innerlich lachen, dass es tatsächlich einfach nur ein trockener Hals war, der mich zu meinem ersten getrunkenen Abendmahl geführt hatte – und war gleichzeitig ein wenig enttäuscht, dass das alles so pragmatisch war.

Aber ich bin sicher: Irgendwann werde ich ein zweites und drittes Mal aus dem Kelch trinken, und dann wird das nicht deswegen sein, um die trockene Kehle notdürftig mit Flüssigkeit zu benetzen. Und eines unbestimmten Tages werde ich auch ausprobieren, wie es ist, am Sonntagmorgen Rotwein zu trinken.

15

Meine Patin

Von allen Seiten umschließt du mich
und legst auf mich deine Hand.

PSALM 139,5

Es war zu einer Zeit, als bei mir alles anders war als in den Jahren zuvor, da feierten die beiden Kinder meiner Cousine kurz hintereinander ihre Kommunion. Auch wenn ich zu der katholischen Kommunion damals kaum Zugang hatte, stand für mich von Anfang an fest, dass ich bei diesen Feiern dabei sein möchte. Weil mir klar war, dass es für die Kinder jeweils eine wichtige Feier sein wird – ihre Mutter hatte mir in beiden Fällen erzählt, wie sehr sich beide darauf freuten – und weil mir klar war, dass es für meine Cousine und ihren Mann ein wichtiger Tag sein wird. Beide mag ich sehr, also wollte ich diese für sie bedeutenden Tage natürlich mit ihnen teilen.

Wie bedeutend sie auch für mich werden würden, ahnte ich freilich nicht.

An meiner Seite gab es damals niemanden, ich lebte allein. Es war die erste Familienfeier, zu der ich ganz alleine ging, denn meine Eltern waren gerade auf Reisen. Ich war längst, was man erwachsen nennt, und probierte aus, wie es sich anfühlt, erwachsen und allein zu sein.

Und dann erlebte ich, dass ich gar nicht alleine bin.

Diese Feier hat mir eine Hand gereicht. Und zwar die meiner Patin.

Von meiner Taufe im Alter von sechs Monaten hatte ich nicht viel mitbekommen und in den Jahren danach auch nicht viel damit verbunden. Ähnlich war es mit meinen beiden Patentanten. Die eine lebte relativ in der Nähe, aber ich fand nie einen Draht zu ihr. Die andere war nicht nur meine Patentante, sondern auch meine Tante, lebte aber viele Hundert Kilometer weit weg. Wir hatten kaum Kontakt.

Bei der Kommunion ihrer Enkel wurde sie meine Patin. Sie wurde das, was eine Patentante ist. Mehr als 35 Jahre nach meiner Taufe.

In der Kirche setzten wir uns zueinander. Sie war alleine da, ich war alleine da, und wir fanden uns. Fanden uns in der Bank und in den Seelen. Dass es etwas gibt, das wir beide gleich gern tun, nämlich zu singen, das haben wir in den Gottesdiensten zur Kommunion ihrer Enkelkinder erkannt. Wie sehr es verbinden kann, gemeinsam zu singen, habe ich dort nach langer Zeit einmal wieder gespürt. Zuletzt hatte ich im Schulchor gesungen, gemeinsam mit meiner alten treuen Freundin, meinem ersten Engel. Doch damals war es für mich eher der Spaß, den ich mit dem Singen verband, besonders dem gemeinsamen Singen. Dieses Singen in der Kirche, zur Kommunion meines Neffen und später meiner Nichte (ich nenne die beiden einfach einmal so), war völlig anders. Es war, als würde meine Seele singen.

Ich kannte die meisten der Lieder nicht, liebte ihre einfachen, sofort mitsingbaren Melodien und war von einigen Textstellen so berührt, dass ich die Liedzettel in meine Tasche steckte und mit nach Hause nahm.

„Wo Menschen sich vergessen,
die Wege verlassen
und neu beginnen, ganz neu,
da berühren sich Himmel und Erde,
dass Friede werde unter uns,
da berühren sich Himmel und Erde,
dass Friede werde unter uns.

Wo Menschen sich verschenken,
die Liebe bedenken
und neu beginnen, ganz neu,
da berühren sich Himmel und Erde,
dass Friede werde unter uns,
da berühren sich Himmel und Erde,
dass Friede werde unter uns.

Wo Menschen sich verbünden,
den Hass überwinden,
und neu beginnen, ganz neu,
da berühren sich Himmel und Erde,
dass Friede werde unter uns,
da berühren sich Himmel und Erde,
dass Friede werde unter uns. "

Bei diesem Lied, „Da berühren sich Himmel und Erde (Wo Menschen sich vergessen)", konnte ich teilweise nicht mitsingen, so sehr hat mich die Vorstellung berührt, dass das, was darin geschildert wird, Wirklichkeit werden könnte. Ich dachte an die Menschen, von denen ich so sehr hoffte, sie und ich könnten uns eines Tages vergessen, die Wege verlassen, und wir könnten neu beginnen, ganz neu. Ich dachte an die Menschen, von denen ich mir so sehr wünschte, dass sie sich eines Tages verschenken, die Liebe bedenken könnten, dass Friede werde unter uns, und ich dachte an die Menschen, mit denen ich mich so gern verbünden, Verletzungen überwinden würde. Und ich wusste bei ihnen allen nicht, wie dies jemals gelingen sollte. Ich konnte die Zeilen daher nur mitlesen, ein bisschen wispern vielleicht. Fürs Singen fehlte mir die Stimme.

> *„Aufeinander zubewegen*
> *ohne Angst nach jedem Streit.*
> *Miteinander Neues wagen,*
> *auch wenn wir noch Fremde sind.*
> *Zueinander Wege finden,*
> *fällt uns manchmal gar nicht leicht.*
> *Beieinander leise stehen,*
> *schafft Vertrauen und tut gut."*

Bei diesen Zeilen aus „Wir bauen Brücken über tiefe Gräben" wünschte ich mir, ich hätte solche Zeilen schon früher einmal im Leben gelesen. Und verstanden. Und empfunden.

Beim letzten Lied, es war „Möge die Straße", brauchte ich ein Taschentuch.

> *„Möge die Straße uns zusammenführen,*
> *und der Wind in deinem Rücken sein;*
> *sanft falle Regen auf deine Felder und*
> *warm auf dein Gesicht der Sonnenschein.*

Führe die Straße, die du gehst
immer nur zu deinem Ziel bergab;
hab' wenn es kühl wird, warme Gedanken,
und den vollen Mond in dunkler Nacht.

Hab' unterm Kopf ein weiches Kissen,
habe Kleidung und das täglich Brot;
sei über vierzig Jahre im Himmel,
bevor der Teufel merkt, du bist schon tot.

Bis wir uns mal wiedersehen,
hoffe ich, dass Gott dich nicht verlässt;
er halte dich in seinen Händen, doch
drücke seine Faust dich nicht zu fest.

Refrain:
Und bis wir uns wiedersehen,
halte Gott dich fest in seiner Hand,
Und bis wir uns wiedersehen,
halte Gott dich fest in seiner Hand. "

Diese Wünsche: dass Wind in meinem Rücken sein, sanft Regen auf meine Felder fallen möge und warm auf mein Gesicht der Sonnenschein, dass die Straße zu meinem Ziel nur bergab führen und ich warme Gedanken haben möge, wenn es kühl werde, und den hellen Mond in der Dunkelheit: Diese Wünsche haben mich so sehr erwischt, dass ich froh war, dass niemand neben mir saß, vor dem ich mich für meine Tränen hätte schämen müssen, neben dem mir meine Tränen peinlich gewesen wären. Und die Vorstellung, es könne eine Kraft geben, die mich fest in ihrer Hand hielte, ihre Faust mich aber nicht zu fest drücke: Diese Vorstellung fand ich grandios. Und sehr, sehr tröstlich.

Etwas Ähnliches erlebte ich in dem Gottesdienst zur Einschulung meiner anderen Nichte, die vom offiziellen Verwandtschaftsverhältnis zwar auch nicht meine offizielle Nichte ist, sich aber ebenfalls so anfühlt: In ihrem Einschulungsgottesdienst saß ich also neben ihrer Mutter, der Tochter der Cousine meiner Mutter, die für mich eine gefühlte Schwester ist, und sang gemeinsam mit ihr Lieder, deren Texte mir die Tränen über die Wangen liefen lassen.

Diesen Liedzettel finde ich nicht wieder, das macht mich wirklich traurig, aber ich weiß, dass ich auch dort Lieder sang, die ich bislang nicht gekannt hatte und deren Texte mir dermaßen nahe gingen, dass ich manchmal schlucken musste, anstatt singen zu können. Es ging darum, sich die Hände zu reichen, aufeinander zuzugehen, ein ganz einfacher, kindgerechter Text, der eigentlich „einfach nur" sagt, dass man sein Gegenüber wahrnehmen und sich auch immer wieder versöhnen soll – der mich als Erwachsene aber an einem Punkt traf, der mich beinahe schockierte, so sehr, wie er mich traf. Schließlich hatte ich bis dato diese Sicht auf meine Mitmenschen so noch nicht gelebt.

> *„Wir wollen aufstehn, aufeinander zugehn,*
> *voneinander lernen, miteinander umzugehn.*
> *Aufstehn, aufeinander zugehn*
> *und uns nicht entfernen, wenn wir etwas nicht verstehn.*
>
> *Viel zu lange rumgelegen, viel zu viel schon diskutiert.*
> *Es wird Zeit, sich zu bewegen,*
> *höchste Zeit, dass was passiert.*

Jeder hat was einzubringen,
diese Vielfalt, wunderbar.
Neue Lieder woll'n wir singen,
neue Texte laut und klar.

Diese Welt ist uns gegeben, wir sind alle Gäste hier.
Wenn wir nicht zusammen leben,
kann die Menscheit nur verliern.

Dass aus Fremden Nachbarn werden,
das geschieht nicht von allein.
Dass aus Nachbarn Freunde werden,
dafür setzen wir uns ein. "

Aufzustehen, aufeinander zuzugehen, voneinander zu lernen, miteinander umzugehen, und vor allen Dingen, sich nicht zu entfernen, wenn wir etwas nicht verstehen: Das war etwas, das nicht bewusst zu meinem Leben gehört hatte, das ich, wenn überhaupt, dann unbewusst getan hatte. Beziehungsweise: Letzteres war etwas, das ich immer wieder getan hatte, das mir immer wieder passiert war: dass ich mich entfernte, wenn ich etwas nicht verstand.

Als ich davon sang, genau dies nicht tun zu wollen, sondern das Gegenteil zu tun: auf mein Gegenüber zuzugehen, wenn ich etwas nicht verstehe: Da spürte meine Seele wohl, wie oft sie sich entfernt hatte, wie oft sich andere Seelen von ihr entfernt hatten, wenn ihre Menschen sich nicht verstanden, und wie viele kleine Wunden dadurch unversorgt geblieben waren. Aber wie Sie sich denken können, war es in diesem Gottesdienst noch zu früh für mich, mein Gefühl als dieses deuten und aushalten zu können.

Ich schluckte und bemühte mich, so schnell wie möglich weitersingen zu können.

Bei der Kommunion der Tochter meiner Cousine, meiner anderen Nenn-Nichte, war das schon schwieriger. Meine Stimmbänder mussten ganze Strophen aussetzen, weil mein Hals zu dick zum Singen geworden war.

Als dann als nächster Programmpunkt das Abendmahl auf dem Liedzettel stand, war ich mir sicher, dass ich einfach still und leise auf meinem Platz sitzen bleiben würde und nur beobachten würde, was die anderen Menschen da machten. Doch da griff eine Hand meine Hand, sie war warm und kräftig, und die Stimme meiner (Paten-)Tante sagte: „Komm! Wir gehen da zusammen hin!" Ihr Gesicht lächelte und ihre Augen blitzten. Wusste sie doch, dass wir beide evangelisch getauft sind.

Seit diesem gemeinsamen Gang, diesem gemeinsam erlebten Gottesdienst empfinde ich ein Band zwischen uns. Keines, das uns regelmäßig telefonieren lässt oder andere Regularien erfüllt. Sondern das, wenn die Situation es hergibt, uns seither mit einer Offenheit einander begegnen lässt, die von anderswo kommt als aus zahlreichen, über Jahre hinweg geführten Gesprächen wie in anderen vertrauten Beziehungen. Denn diese Gespräche hatten wir ja gar nicht geführt.

Der Liedzettel liegt noch heute bei mir zu Hause. Ganz oben auf der ersten Seite, wo ein wenig Platz war, steht in etwas krakeliger, weil auf dem Schoß geschriebener Schrift: „… der Wolken, Luft und Winden gibt Wege, Lauf und Bahn, der wird auch Wege finden, da dein Fuß gehen kann." Meine Patentante hatte offensichtlich gespürt, wie sehr ich damals meinen Weg verloren und noch keinen neuen gefunden hatte.

Damals kannte ich dieses Zitat noch nicht – heute unvorstellbar, wie häufig es mir mittlerweile begegnet ist und wie häufig ich „Befiehl du deine Wege" gesungen habe. Aber damals las ich diese Formulierung zum ersten Mal. Und war auf eine seltsame Weise berührt, fast ein wenig getröstet; ohne zu dieser Zeit zu wissen, was genau es bedeuten kann, dass es da „etwas" gibt, das den Wolken, der Luft und den Winden ihre Richtung weist, und dass dieses unbestimmte „Etwas" auch mir eines Tages eine Richtung zeigen könnte – was auch immer es sein mag, das da versteckt ist in diesem unausgesprochenen „Der".

Faszinierend finde ich das noch heute: Wie gleichzeitig klar und offen Paul Gerhardt hier seit mehr als 350 Jahren hält, wer das ist, der Wolken, Luft und Winden Wege, Lauf und Bahn gibt, wie viele verschiedene Vorstellungen dieser unbezeichneten Kraft man sich machen kann, wenn man dies liest. Und zwar auch ohne den Begriff „Gott" zu nutzen. So nämlich konnte auch ich damals schon etwas mit dieser Perspektive, diesem Trost anfangen: Weil das Wort „Gott" fehlte, konnte ich mir selbst eine Vorstellung davon machen, was dieser oder dieses „Der" sein könnte.

Und wenn ich mir vorstellte, dass es da irgendetwas gibt, das den Wolken, Lüften und Winden ihre Richtung gibt; dann konnte ich mir durchaus auch vorstellen, dass diese unbeschreibliche Kraft auch mir irgendwann helfen können wird.

Dass sich mir irgendwann wieder ein Weg auftun wird, den ich gehen, dem ich folgen möchte. Hätte „Gott" in der Formulierung gesteckt beziehungsweise hätte dieser Begriff in der Formulierung eine Rolle gespielt, hätte ich mit ziemlich hoher Wahrscheinlichkeit gedacht: „Ja, und wer oder was ist das denn nun, dieser Gott?" Dass Gerhardt dies an jener Stelle offengelassen hat, hat mir die Tür geöffnet für eine eigene Vorstellung – und eine Annäherung an das, was ich heute mit „Gott" verbinde.

Auch wenn ich keine Ahnung hatte, wie das passieren sollte, dass „der" einen Weg finden wird, auf dem mein Fuß gehen kann, oder wann oder wie dieser Weg aussehen kann: Auf eine Weise getröstet fühlte ich mich trotzdem. Weil ich wusste, dass es eine große Kraft sein muss, die den Wolken, der Luft und den Winden ihre Wege weist.

Dass es diese Offenheit ist, die ich brauche, dass ich mit einem klaren Bezug auf einen Gott wenig in Verbindungen bringen kann: Das muss meine Patentante damals gespürt haben. Schließlich hat sie eben nicht mit dem Beginn des Liedes ihren Gruß auf meinen Liedzettel begonnen, sondern erst mit diesem zweiten Satz.

Der erste Satz, „Befiehl du deine Wege und was dein Herze kränkt, der allertreusten Pflege des, der den Himmel lenkt", hätte mich vermutlich innerlich schon auf Distanz gehen lassen – und ich hätte die so wunderbare Fortsetzung gar nicht mehr offenen Herzens aufnehmen können. Und, Sie ahnen es, hätte meine Patentante gar den ersten Satz der zweiten Strophe zitiert („Dem Herren musst du trauen"), ich hätte innerlich abgewunken. Denn müssen möchte ich schließlich gar nichts, und wie sollte ich trauen, wenn ich doch gar nicht wusste, auf wen oder worauf.

Meine Patin ahnte das wohl und dosierte ihr Gerhardt-Zitat für mich genau richtig. Den Liedzettel bewahre ich weiter auf. Und die vielen Hundert Kilometer zwischen meiner Patentante und mir überwindet der, der Wolken, Luft und Winden gibt Wege, Lauf und Bahn.

16

Auf einmal brauchte ich ihn

Und gerade dort,
wo sich die Sünde in vollem Maß auswirkte,
ist die Gnade noch unendlich
viel mächtiger geworden.

RÖMER 5,20

Zwar hatte ich mich mittlerweile mitunter sehr wohl gefühlt in der einen oder anderen kleinen Kapelle auf dem Land – oder auch einer der kräftigen Kirchen der Backsteingotik bei uns in der Stadt. Ich hatte zu genießen begonnen, welche Ruhe mich in diesen Räumen fand; ich hatte gern all die neuen Gedanken durchdacht, auf die mich das in den Gottesdiensten Gehörte brachte. Ich ging vor allem gern in Kantatengottesdienste und genoss die Musik am Sonntagvormittag, ohne mir Wochen vorher eine Konzertkarte kaufen zu müssen.

Aber so richtig gebraucht habe ich das Ganze immer noch nicht. Es war etwas Neues im Leben, etwas Interessantes – aber nichts, worauf ich nicht jederzeit auch wieder hätte verzichten können. Dachte ich jedenfalls.

Noch immer hatte ich das Gefühl, ich könne jederzeit zurück und wieder ohne all das leben, worum es hier ging. Ich dachte noch immer, ich könnte alles im Leben auch ohne: ohne Gott, ohne Glaube, ohne Hoffnung, ohne Vergebung. Denn: Ich hatte noch gar keine Idee dazu, was genau das alles sein kann – Gott, Glaube, Hoffnung, Vergebung. Und wofür ich all das einmal gebrauchen könnte.

Noch immer kam ich ganz gut damit klar, alle kleinen praktischen Fragen des Alltags und auch die großen Fragen des Lebens mit meinem Verstand auszumachen. Ich walkte ein Problem oder eine Fragestellung, zum Beispiel eine zu treffende Entscheidung, stets so lange durch, bis mein Kopf mir die Lösung präsentierte: wohl durchdacht, sauber abgewogen im Pro und Contra, am besten auch die möglichen Konsequenzen mit in die Gedanken einbezogen. Da konnte doch nichts schiefgehen!

Und dann kam ich zum ersten Mal in meinem Leben an einen Punkt, an dem mein Verstand mir nicht mehr den Weg weisen konnte. An dem ich noch so viel nachdenken und abwägen konnte – und trotzdem keine Lösung dabei herauskam. Ich war 40 Jahre alt und wusste weder ein noch aus. Denn egal, wofür ich mich entschied: Es war falsch.

Wollte ich meinen Gefühlen folgen, würde ich damit einen anderen Menschen verletzen. Wollte ich diesen anderen Menschen nicht verletzen, würde ich meine Gefühle nicht leben können. Wäre an diesem Punkt in meinem Leben nicht Gott bei mir gewesen: Ich wäre niemals glücklich geworden.

Ich rief zu dem Herrn in meiner Angst, und er antwortete mir.

JONA 2,3

Ich wusste damals ziemlich schnell, dass mir alles, was mir bislang in meinem Leben geholfen hatte, dieses Mal nicht helfen wird. Ich könnte noch so lange Spaziergänge an der Küste machen, Gespräche mit Freunden führen und mit Fachleuten, könnte Reportagen schreiben über ähnliche Themen und mich beruflich mit dem auseinandersetzen, was mich privat umtrieb. Ich könnte nachdenken, nachdenken und nachdenken. Ich wüsste danach noch immer nicht, wie ich mich verhalten soll. Und vor allem, wie ich anschließend mit den Konsequenzen aus meinem Verhalten leben soll.

Also nahm ich all meinen Mut zusammen und schrieb der Superintendentin, zu der ich bis dahin zwar einen vertrauensvollen und ehrlichen, aber ausschließlich beruflichen Kontakt hatte, eine E-Mail. Ich fragte sie, ob ich mit ihr einmal in einem anderen Kontext als sonst sprechen könne. Ich glaube, ich benutzte sogar das Wort, das ganz wörtlich genau das ausdrückt, was ich so dringend, dringend brauchte: Ich bat um Seelsorge. Um Sorge für meine Seele. Die so geschunden war in diesem Augenblick, dass mein Geist allein sie nicht mehr beruhigen konnte, ihre Qualen nicht heilen konnte.

Was mein Geist nicht konnte, konnte Gott. Einmal wieder fiel ich in seine Hand, und jetzt zum ersten Mal in vollem Bewusstsein. Andere Erlebnisse, wie zum Beispiel meine alte treue Schulfreundin, die mich mein Leben lang mit allem akzeptierte, was ich bin und was ich nicht bin; die Frau, die mich aus dem Sumpf falscher Verantwortung zog, die Freundin, die mich zum Essen einlud und nicht erwartete, dass ich auch komme: Sie alle habe ich erst im Nachhinein als das empfunden, was sie waren. Als Gottes Hand.

Dieses Mal war es anders. Dieses Mal wusste ich sofort, dass gerade etwas anders läuft als sonst. Dass gerade etwas passiert, das ich noch nie erlebt habe im Leben. Zum ersten Mal habe ich nicht mehr versucht, allein mit einer Pein klarzukommen. Sondern ich habe ganz direkt und bewusst jemanden um Hilfe für mein Heil gebetet. Ich habe diesem Menschen meine Seele auf den Tisch gelegt. Und so offen, wie meine Seele dann dalag, so nackt und verletzlich, blutig und schutzlos – so fing sie an zu heilen.

> *Der Gott aber, der euch seine Gnade auf jede erdenkliche Weise erfahren lässt und der euch durch Jesus Christus dazu berufen hat, an seiner ewigen Herrlichkeit teilzuhaben, auch wenn ihr jetzt für eine kurze Zeit leiden müsst – dieser Gott wird euch mit allem versehen, was ihr nötig habt; er wird euch im Glauben stärken, euch Kraft verleihen und eure Füße auf festen Boden stellen.*
>
> *1. PETRUS 5,10*

Ich fing an zu spüren, woraus Trost entstehen kann: nämlich indem ich ausspreche, was mich so quält, anstatt es in mir vor anderen zu verbergen. Und indem mein Gegenüber mich dafür nicht verurteilt, sondern Verständnis zeigt. Für meine Situation, für mein Handeln, für meine Fragen. Ich fing an zu erleben, was Hoffnung sein kann: nämlich, dass die Knoten in meinem Lebensfaden sich irgend eines Tages gelöst haben werden. Nicht zu einem geraden Faden, nein, das muss überhaupt nicht sein – aber zu einer sich windenden, lockeren Schnur. Und ich fing an zu verstehen, wie sich Vergebung anfühlen kann: nämlich, dass es irgend eines Tages leichter werden wird, mit eigener Schuld zu leben. Weil ich in der Lage sein werde, alles zu betrachten, was zu dieser Schuld geführt hat – und nicht nur die Schuld selbst.

> *Wenn wir behaupten, ohne Sünde zu sein, betrügen wir uns selbst und verschließen uns der Wahrheit. Doch wenn*

wir unsere Sünden bekennen, erweist Gott sich als treu und
gerecht: Er vergibt uns unsere Sünden und reinigt uns von
allem Unrecht, das wir begangen haben.

1. JOHANNES 1,8-9

Ich fühlte mich nach der Seelsorge zwar keineswegs gereinigt von allem Unrecht, das ich begangen habe. Aber ich konnte besser damit leben. Weil ich nach den Gesprächen mit der Superintendentin, die damals zu meiner Pastorin und Seelsorgerin wurde, nach und nach nicht nur verstand, sondern auch spürte, was es bedeutet, wenn mir vergeben wird. Wenn die Gnade ihre Macht zeigt.

Das hatte nichts damit zu tun, dass mir ein Mitmensch etwas verzieh. Dass ich bei einem Mitmenschen um Entschuldigung bat und dieser dann sagte: „Entschuldigung angenommen. Ich verzeihe dir." Für das, was ich nach den Gesprächen mit meiner Pastorin erlebt habe, war ein solcher Moment nicht nötig. Und ich bin heilfroh darüber. Denn der Moment von Entschuldigung und Verzeihen zwischen Menschen ist schließlich allzu oft gar nicht möglich. Zum Beispiel, wenn ich nicht um Verzeihung bitten kann, aus welchem Grund auch immer: weil ich mich nicht traue, weil es keine Gelegenheit gibt oder weil mein Gegenüber mir nicht die Gelegenheit dazu lässt – oder aber wenn mir nicht verziehen wird.

Ich musste ohne die Möglichkeit der Versöhnung leben, und ich wusste, ich werde mit meiner Schuld leben müssen. Niemand wird sie mir abnehmen, niemand wird mich erleichtern, indem er oder sie die Zauberworte spricht: „Ich verzeihe dir." Vergeben wird mir trotzdem. Das habe ich an meiner eigenen Seele erlebt.

Mir wird vergeben, aus anderer Quelle, auf anderer Ebene. Es hat einige Jahre gedauert, aber nach diesen Jahren wurde das Gewicht dessen, was da auf mir lastete, leichter. Irgendwann habe ich mich nicht mehr täglich damit zermartert, was ich in jenem Moment falsch gemacht hatte, als ich meinen Gefühlen folgte, sondern nur noch ein Mal am Tag. Später gab es Tage, an denen mir abends einfiel, dass ich an diesem Tag noch gar nicht daran gedacht hatte. Und dann gab es irgendwann Tage, an denen mir erst am nächsten Morgen einfiel, wieder daran zu denken. Heute denke ich manchmal ganze Monate nicht daran.

Die Gedanken selbst änderten sich auch. Hatte ich anfangs keine Ahnung, wie sich dieser Knoten jemals lösen soll, wie „alles werden" soll, wie ich eine Begegnung mit dem von mir verletzten Menschen aushalten werden soll, setzte irgendwann das Gefühl ein, dass egal, wie es weitergeht, es eben weitergeht. Dass egal, was kommen wird, eben etwas kommen wird. Und dass ich das dann schon aushalten werde.

In und nach den Gesprächen mit der Superintendentin, meiner vom Himmel geschenkten Seelsorgerin, wurde mir außerdem klar, dass es nicht nur meinen Anteil dessen gab, was passiert war. Dass es nicht nur mein Verhalten war, das zu der Situation geführt hatte, die so verknotet war und damals unauflöslich schien. Dass nicht nur ich allein gehandelt hatte. Dass nicht nur ich verletzt hatte. Und dass ich den Fehler, den ich beging, aus Liebe beging. Dass diese Liebe eine unglaubliche Kraft besitzt, die ich so im Leben noch nie zuvor gespürt hatte. Dass diese Liebe imstande ist, diesen Fehler zu tragen, und dass mir dieser Fehler vergeben wird.

Ich erlebte, dass eine Entscheidung, gegen die sich mein Verstand mit aller Kraft gewehrt hatte und letztlich doch so viel schwächer gewesen ist als das Gefühl, falsch und richtig war zugleich. Denn das, was ich tat, war zur selben Zeit absolut falsch und völlig richtig. Diesen so krassen inneren Konflikt auszuhalten, war erst wieder möglich, als ich mit meiner Pastorin darüber sprach. Anders gesagt: ich meine Seele in Gottes Hand legte. Noch anders gesagt: ich meine Sünde bekannte.

Ich erlebte, dass es richtig sein kann, einem Gefühl zu folgen, auch wenn es falsch ist. Dass es erlaubt ist, Fehler zu machen. Schuldig zu werden. Dass die Gnade mächtiger ist als die Sünde. Und dass meine Füße trotz allem eines Tages wieder auf festem Boden stehen.

17

Die Vergebung

*Ich will die Finsternis vor ihnen her
zum Licht machen
und das Höckerige zur Ebene.*

JESAJA 42,16

Der Fehler, den ich im Alter von 40 Jahren gemacht habe, hat mir den Weg in ein neues Land gezeigt. Dieser Fehler bedeutete für mich nicht nur, dass ich zum ersten Mal im Leben meinen Gefühlen folgte anstatt meinem Verstand. Er bedeutet nicht nur, dass ich zum ersten Mal im Leben bei jemandem um Hilfe bat in Form von Seelsorge, mich zum ersten Mal im Leben jemandem auf völlig neue Weise öffnete.

Dieser Fehler, der am Ende vielleicht noch nicht einmal einer war, hat mich mit einem Thema konfrontiert, zu dem ich bis dato keinerlei Kontakt gehabt hatte: die Vergebung. Ich kannte die Begriffe „verzeihen" und „entschuldigen", aber mit der Vergebung war es so ähnlich wie mit dem Glück: Dieses Wort war eine Nummer zu groß für mich.

Zur Vergebung gehört natürlich auch die Sünde, wobei mein innerer Dolmetscher lieber von Fehlern spricht als von Sünden. Erlebt zu haben, dass mir ein Fehler vergeben wird, der mich innerlich so gequält hatte, dass ich mir nicht mehr anders zu helfen wusste, als etwas völlig Neues auszuprobieren, also um Seelsorge zu bitten: Das war unglaublich tröstlich. Es hat mich aber auch in Ecken meiner Selbst getrieben, um die ich die vergangenen Jahrzehnte emotional lieber einen Bogen gemacht hatte. Ich hatte mich zwar intellektuell mit ihnen beschäftigt, sie hin- und herbewegt im Kopf. Aber durchgefühlt hatte ich sie nie. Zu viel Angst hatte ich vor den Gefühlen, zu wenig Ideen hatte ich, wie ich mit diesen Gefühlen umgehen und wo ich sie lassen sollte.

In diesen Ecken bin ich auf Fehler gestoßen, die ich mir bis heute nicht vergeben kann.

Den Fehler, den ich im Alter von 40 Jahren gemacht habe, konnte ich mir einige Jahre später selbst vergeben – das war zwar lange, nachdem mir Gott vergeben hatte, aber immerhin. Ich wusste, ich habe diesen Fehler aus Liebe begangen. Und irgendwann hat es sich auch so angefühlt.

Es gibt aber auch Fehler, die ich mir bis heute nicht vergeben kann. Dinge, die ich als Kind, als Jugendliche, als Erwachsene getan habe, für die ich mich so schäme, dass ich sie mir am liebsten mit Löffeln aus meinen Eingeweiden schaben würde.

Zu akzeptieren, dass diese Fehler zu mir gehören, dass ich sie nicht rückgängig machen kann, sie nicht ändern kann und mit dieser Schuld werde leben müssen, sosehr ich mir auch immer wieder wünsche, es wäre anders und ich hätte mich in all diesen Situationen anders verhalten: Das zu ertragen fällt mir wahnsinnig schwer.

Ich schaffe es zwar, meine Schuld vor mir selbst zu bekennen. Aber ich schaffe es nicht, sie denjenigen Menschen gegenüber zu formulieren, bei denen ich in der Schuld stehe. Ich traue mich einfach nicht. Und hoffe, dass ich an dieser Stelle ein „noch" einfügen könnte: Ich schaffe es einfach noch nicht, ich traue mich einfach noch nicht. Ich weiß nicht, ob ich eines Tages die Kraft haben werde, mein blutiges Herz sprechen zu lassen.

Bis dahin trage ich meine Schuld allein. Jedenfalls gefühlt. Und spüre manchmal dennoch, dass ich nicht ganz allein bin mit meiner Schuld.

Das Erleben von Vergebung hat mir die Tür zu einem neuen Leben geöffnet. Ich weiß heute: Ohne sie bin ich nichts. Ich kann nicht in Frieden leben, ohne dass mir vergeben wird. Genauso wenig kann ich in Frieden leben, ohne dass ich selbst anderen vergebe.

Wenn ich den Text des Adventsliedes „Wie soll ich dich empfangen" lese, erschrecke ich beinahe, wie sehr ich mich manchmal fühle wie in dem Lied beschrieben:

„Ihr dürft euch nicht erschrecken, vor eurer Sünden Schuld? Nein, Jesus will sie decken mit seiner Lieb und Huld. Er kommt, er kommt den Sündern zu Trost und wahrem Heil."

Hätte ich diese Zeilen ein paar Jahre vorher gelesen, ich hätte nicht gewusst, was das bedeuten, wie das funktionieren soll. Vergebung, was genau soll das sein? Wie soll sie sich anfühlen? Bestimmt nicht so, wie es mir einmal eine ältere Dame zu erklären versuchte: „Vergebung ist, wie wenn eine Mutter ihrem Kind nicht böse ist, obwohl es etwas falsch gemacht hat." Das ist keine Vorstellung, die ich mir von Vergebung mache.

Für mich ist Vergebung, was Paul Gerhardt vor mehr als 350 Jahren schrieb.

> *„(…) Ich lag in schweren Banden,*
> *du kommst und machst mich los;*
> *ich stand in Spott und Schanden,*
> *du kommst und machst mich groß*
> *und hebst mich hoch zu Ehren*
> *und schenkst mir großes Gut,*
> *das sich nicht lässt verzehren,*
> *wie irdisch Reichtum tut.*

(...)
Das schreib dir in dein Herze,
du hochbetrübtes Heer,
bei denen Gram und Schmerze
sich häuft je mehr und mehr;
seid unverzagt, ihr habet
die Hilfe vor der Tür;
der eure Herzen labet
und tröstet, steht allhier.

Ihr dürft euch nicht bemühen
noch sorgen Tag und Nacht,
wie ihr ihn wollet ziehen
mit eures Armes Macht.
Er kommt, er kommt mit Willen,
ist voller Lieb und Lust,
all Angst und Not zu stillen,
die ihm an euch bewusst.
(...)"

In meinem Fall war das „Du" zunächst meine Pastorin, mit der ich darüber sprach, was mich in so schwere Bande legte, mich so grämte und schmerzte, mir so große Angst machte und in meiner Not lähmte, dass ich nicht mehr weiterwusste. Diese Gespräche standen als Hilfe vor der Tür, sie trösteten, sie labten mein Herz und stillten Angst und Not.

Doch hat es auch einen Moment gegeben, in dem nicht ich selbst die Vergebung brauchte, sondern ich einem anderen Menschen vergeben wollte, um weiterleben zu können.

„Als mir das Reich genommen,
da Fried und Freude lacht,
da bist du, mein Heil, kommen
und hast mich froh gemacht."

Mir war das Reich genommen, als ich morgens auf einmal wieder alleine aufwachte und abends alleine Abendbrot aß. Bis mein Heil kam, hat es zwar gedauert. Aber der Moment, in dem ich vergeben habe, ist in einer Kirche passiert. Während eines Kantatengottesdienstes. Neben mir saß der Mensch, der mich zwei Jahre zuvor so sehr verletzt hatte, der Chor sang Bach, und auf einmal spürte ich: Dieser Mensch da neben mir ist auch nur ein Mensch.

Genau wie ich.

Ich kann diesem Menschen nichts vorwerfen. Dieser Mensch hat gehandelt, wie dieser Mensch zu handeln imstande war.

Genau wie ich.

Ich kann diesen Menschen nur im Ganzen akzeptieren – mit allen Wunden, die sein Handeln in mir hinterließ, allem, was ich vermisst hatte, und allem, was mir bis heute wehtut. Ich kann diesen Menschen entweder gar nicht oder ganz annehmen, mit all dem Verletzenden und all dem, was er mir Gutes getan hat. Wenn ich mich für „gar nicht" entscheide, werde ich niemals Frieden finden. Frieden geht nur mit „ganz". Das wusste ich. Wenn ich am Schmerz vorbeigehe anstatt durch ihn hindurch, werde ich ihn niemals überwinden.

Für mich hieß zu vergeben ganz konkret: Ich wollte und musste mir auch diejenigen Dinge klarmachen, die ich diesem Menschen Ungutes getan hatte, die dieser Mensch bei mir vermisst hatte, womit ich Wunden bei diesem Menschen hinterlassen hatte und was diesem Menschen vielleicht bis heute und immer wieder wehtut an meinem Verhalten. Ich wollte und musste mir klarmachen, was von meinem Verhalten vielleicht erst zu dem Verhalten des anderen geführt hatte. Was mein Anteil an all den Verletzungen gewesen ist, die zwischen uns geschahen und die mir im ersten Schmerz so vorgekommen waren, als ob nur ich sie erlebte, der andere Mensch aber nicht.

„Ich stand in Spott und Schanden", genauso hatte es sich ange-fühlt, was ich damals erlebte. Es war mir unheimlich peinlich, am liebsten hätte ich es niemandem erzählt, so sehr habe ich mich ge-schämt dafür, was mir widerfahren war. Als ich es dann doch ver-einzelt tat, habe ich nicht von allen Seiten Trost erfahren in dieser Situation. Das hat mich damals tief gekränkt.

Heute denke ich: Vielleicht verfügen eben nicht alle Menschen über die Kraft zu trösten. Vielleicht konnten sie es einfach nicht. Der befürchtete Spott jedenfalls blieb aus. Und allein das Ausspre-chen des Unerträglichen hat es ein wenig erträglicher gemacht.

Wie oft hatte ich mir zuvor gewünscht, ich könnte einfach einmal zwei Wochen lang durchheulen und danach sei alles gut. Quasi anstelle einer Urlaubsreise mir zwei Wochen von der Arbeit freinehmen, um am Stück zu weinen und sonst rein gar nichts zu tun. Wirklich gar nichts. Zwei Wochen weinen und leiden und fertig. Danach wären alle Verletzungen endlich wirklich geheilt, alle Schmach vergessen, alle Schuld vergeben. Für immer.

Keine Verletzung würde erst so tun, als sei sie geheilt und es sich in irgendeinem unplanbaren Moment anders überlegen.

Keine Schmach würde mir suggerieren, sie würde sich zur Ruhe betten und dann doch auf einmal wieder putzmunter sein.

Keine Schuld würde erst behaupten, ich hätte ihretwegen nun wirklich genug gelitten und dann beschließen, mich doch noch ein wenig zu quälen.

Wann endlich kann ich sicher sein, dass das vorbei ist? Wenn ich nur genug weine, müsste das doch gehen, dachte ich. Immerhin habe ich früher so gut wie gar nicht geweint. Das könnte ich jetzt nachholen, das könnte doch helfen.

Doch immer, wenn ich mir vornahm, jetzt, in diesem Moment, weil es gerade so gut in meinen Zeitplan passt und ich mich just stark genug dafür fühle, einmal kräftig zu weinen über all das, was mich traurig macht in der Vergangenheit und in der Gegenwart, damit ich es loswerden kann: Dann kamen keine Tränen.

Die Tränen kommen, wann sie wollen. Und in der Regel nicht dann, wenn es mir gerade gut in den Zeitplan passt oder ich mich gerade stark genug für sie fühle.

Der Wunsch, nach zwei Wochen Tränenwüste zum (endgültigen) Glück zu kommen, ins gelobte Land zu kommen, ist mir niemals erfüllt worden. Diese Formulierung hatte ich einige Jahre nach der Situation beim Kantatengottesdienst gelesen und fühlte mich erinnert an jene Zeit, in der ich noch nicht vergeben hatte: „Das Gemeine ist, dass der Weg ins Gelobte Land zuerst oft durch die Wüste geht, durch ein Erleben von Leere, Orientierungs- und Haltlosigkeit." *(Henning Hinrichs, Pastor in Reppenstedt, Landkreis Lüneburg)*

Trotzdem ist heute etwas anders als damals, als ich nicht wusste, wohin ich diese Gefühle leiten sollte, und mit aller Kraft meines Geistes beschloss, das Weinen zu beenden, und es dann auch tat (und etwas aß): Seit Gott kann ich meine Verzweiflung aushalten.

Ich kann damit leben, dass sich bestimmte erlebte Verletzungen immer wieder einmal bei mir melden, obwohl ich dachte, sie längst überwunden zu haben. Ich kann damit leben, mich für bestimmte Handlungen wohl bis an mein Bewusstseinsende schuldig zu fühlen. Ich kann es mir bewusst machen, ohne dem Ungeheuer das Maul zu stopfen, indem ich mir etwas zu essen in den Mund stecke.

Meine Wüste war das für mich völlig überraschende Ende eines gegenseitigen Versprechens. Mein Gelobtes Land ist innerer Friede.

Doch Heilung und Vergebung lassen sich offensichtlich nicht in den Kalender eintragen. Auch nicht als Wochenend-Workshop, Seminar oder Wanderreise. Die Vergebung kommt leise, die Heilung nahezu lautlos.

Wenn Vergebung und Heilung da sind, fühlen sich dieselben Dinge anders an. Ohne konkreten Anlass und scheinbar ohne Grund. Sondern weil die Seele lange Zeit gearbeitet hat, ohne es dem Verstand zu verraten. Und weil sie dabei Unterstützung bekam – aus einer Quelle, die keine Gegenleistung erwartet.

> *„(…)*
> *du kommst und machst mich groß*
> *und hebst mich hoch zu Ehren*
> *und schenkst mir großes Gut,*
> *das sich nicht lässt verzehren,*
> *wie irdisch Reichtum tut."*

18

Als ich getauft werden wollte, ging das nicht

Er hat dein Wandern durch diese große Wüste
auf sein Herz genommen. Vierzig Jahre
ist der HERR, dein Gott, bei dir gewesen.
An nichts hast du Mangel gehabt.

5. MOSE 2,7

Als ich mich schon eine lange Weile sehr wohlfühlte in großen und kleinen Kirchen, als ich mehr und mehr begann zu spüren, wie sehr mir das dort Gehörte guttut und wie gern ich das erlebe, was ich dort erlebe, da begann es mir nicht mehr zu reichen, Gast zu sein. Eine Besucherin war ich bislang gewesen, eine sehr willkommene, das spürte ich zwar und erlebte gleichzeitig auch niemals den Druck, dass ich doch bitte wiederkommen möge.

Ich habe die Zurückhaltung in „meinen" Innenstadtkirchen, den großen Kirchen meiner Stadt, stets sehr genossen. Natürlich bin ich freundlich begrüßt worden, und sicher ist auch zur Kenntnis genommen worden, dass da auf einmal jemand kommt, der ansonsten nicht gekommen ist. Es ist aber nie formuliert worden und schon gar nicht ist der Wunsch geäußert worden, ich möge doch nächsten Sonntag gern wiederkommen. Man hat einfach so lange gewartet, bis ich von mir aus das Gespräch gesucht habe. Das fand ich großartig.

Ich spürte niemals ein Gefühl von Beobachtung, so etwas wie „aha, da kommt ja Frau George, die kam doch sonst nie" oder „aha, da kommt ja Frau George, die letzten drei Sonntage war sie aber nicht hier". So etwas habe ich niemals erlebt, und so ein Gefühl hätte vermutlich auch sofort dafür gesorgt, dass ich in dieser Kirche sicher keine Gottesdienste mehr besucht hätte – jedenfalls fürs Erste.

Diese offenen Türen, die gedanklich hinter mir nicht zufielen, sondern offen blieben, waren für mich genau das Richtige. Sie schlossen sich zwar während des Gottesdienstes. Aber erstens hätte ich sie theoretisch sogar während des Gottesdienstes für mich öffnen können – fast freier als in der Oper – und zweitens waren sie danach auch tatsächlich wieder geöffnet.

Darauf will ich natürlich gar nicht wirklich hinaus. Worauf ich hinauswill, ist: Die Türen waren symbolisch immer in beide Richtungen geöffnet. Ich konnte hineingehen und ich konnte herausgehen. Ich konnte mich Gott nähern und wieder entfernen. Ich konnte mich für Kirche interessieren und das Thema wieder für eine Weile beiseitelegen, wenn in meinem Leben gerade etwas anderes nach vorne drängte.

Dieser Weg war kein Kursus, der regelmäßig stattfand und bei dem abgehakt wurde, wie oft ich da war, damit ich von meiner Krankenkasse einen Zuschuss zu den Kosten bekam. Er war kein gebuchter Aufenthalt in einem Zentrum für Retreat oder in einem Kloster mit einem Workshop zur Stressbewältigung. Er war kein Seminar zur Burn-out-Prophylaxe, keine Therapie, kein Coaching und keine „Finde-deine-Mitte"-Vortragsreihe.

Und am Ende … war mein Weg genau all das. Außer der Sache mit der Krankenkasse.

Die offenen Türen, die immer auch zum Weggehen offen blieben, sie waren für mich persönlich die beste und wirkungsvollste Bindung, die freundlichste Hand, die man mir reichen konnte. Denn es war eine Bindung, die ich selbst wählen konnte. Ich konnte mich frei für diese Hand entscheiden, und ich hatte niemals das Gefühl, mit meinen ersten zaghaften Schritten eine Verpflichtung eingegangen zu sein oder eine Erwartung geweckt zu haben. Wäre das der Fall gewesen, hätte mich das unter Druck gesetzt – und mein Weg hätte mich bald wieder zurück dorthin geführt, wo ich hergekommen war.

So aber wollte ich nach einigen Jahren nicht mehr nur als Gast in der Kirche sein, sondern als jemand, der dazugehört. Ich wollte Teil sein der Gemeinschaft, ich wollte Mitglied werden dieser Institution, die so vieles anbietet, das ich so gern nutze. Und ich wollte dafür bezahlen. Zwar fand ich es über alle Maßen bemerkenswert, dass ich all die gedanklichen Impulse, die Musik und die Räume über einige Jahre hinweg nutzen konnte, ohne eine Gegenleistung dafür zu erbringen, sie also im wahrsten Sinne des Wortes geschenkt bekommen hatte.

Aber es kam der Zeitpunkt, an dem es sich nicht mehr richtig anfühlte, bloß zu spenden. Ich wollte ganz dabei sein. Wobei mir der Gedanke, nun tatsächlich Mitglied dieser riesigen, unüberschaubaren Institution zu werden, von der ich vieles gar nicht weiß und an der ich sicher einiges zu kritisieren habe, mir zwischendurch auch Angst machte.

Die Vorstellung, mich dieser großen Gruppe anzuschließen und mich da auf etwas festzulegen, flößte mir immer mal wieder Respekt ein. Schließlich hatte ich in meinem Leben bislang kaum verbindliche, langfristige Entscheidungen getroffen. Keine Kinder, keine Immobilie, noch nicht einmal einen einfachen Kredit habe ich aufgenommen. Ich wollte mich nie festlegen, wollte lieber frei sein.

Bei der Kirche war es anders. Ich habe gemerkt, dass ich mich mit Gott frei und befreit fühle, dass mein Gott viel damit zu tun hat, was mir meine Kirche bietet, und dass eine Bindung wie diese sich nicht nur als etwas Beschwerendes für mich anfühlen kann, sondern als etwas, das mir einen Grund gibt und festen Halt, damit ich fliegen kann.

Vor den Gedanken an den Kircheneintritt aber hatte ich ganz andere Gedanken. Bevor ich mir all diese Fragen stellte von Mitgliedschaft und Festlegung, von langjähriger, kritischer Ablehnung hin zu der Unterschrift unter einen Vertrag, da machte ich mir über all dies überhaupt keine Gedanken.

Ich hatte einfach nur einen Wunsch. Und der lautete: Nach all dem, was ich Stärkendes in und mit Gott in den vergangenen Jahren erlebt hatte, wollte ich getauft werden.

Ich wollte eine Hand auf meinem Kopf spüren und gesagt bekommen, dass ich angenommen bin in all meinem Sein. Ich wollte gesegnet werden. Getauft. Das war mein Gefühl dazu. Beim Segen im Gottesdienst, wenn der Zeitpunkt gekommen ist, dass ich in meiner Bank stehe und der Pastor oder die Pastorin vorne die Arme hebt und sagt: „Der Herr segne dich und behüte dich; der Herr lasse sein Angesicht leuchten über dir und sei dir gnädig; der Herr hebe sein Angesicht über dich und gebe dir Frieden" – da haben mich diese Worte, diese Situation, diese Vorstellung, dass das wahr werden möge: dass es etwas gibt, das mich begleitet und meine innere Unruhe befriedet, mich schon ganz zu Beginn meiner Gottesdienstbesuche oft so angefasst, dass mir die Tränen kamen.

Mein Wunsch war riesig, diesen Segen einmal ganz allein zugesprochen zu bekommen. Ich wollte, dass all das, was ich in den Jahren zuvor erlebt und gespürt hatte, eine Form bekommt. Eine

Form, die fassbar ist, also im Sinne von etwas Konkretem, Plastischem. Für mich bedeutete das damals die Taufe: Ich werde gesegnet und gebe meinem Leben einen neuen inneren Kompass. Und ich mache das Ganze sogar in einem Sinne offiziell.

Und dann erfuhr ich erst einmal, dass mein Wunsch nicht umzusetzen ist. Denn als ich meiner Pastorin erzählte, dass ich gern getauft werden wolle, da sagte sie, das gehe nicht. Ich war ja schließlich schon getauft worden, als Säugling mit sechs Monaten. Und die Taufe sei ein Sakrament, das man nicht wiederholen könne.

Was ein Sakrament ist, wusste ich nicht so recht. Ich hörte in dem Augenblick nur „geht nicht" und war total enttäuscht. Am liebsten hätte ich spontan losgeheult, war mein Weg bis zu dieser Frage doch schon einigermaßen aufregend und nicht immer so bequem gewesen.

Die längste Zeit meines Lebens hätte mich dieses Erlebnis in meiner Kritik an der Kirche bestätigt. An dieser traditionellen Institution, die so fern ist von den Bedürfnissen ihrer Mitglieder oder eben jener Menschen, die sich für sie interessieren und deren Wünsche sie dann eben aus irgendwelchen eingefahrenen, verstaubten, unerklärlichen Gründen nicht erfüllt. Warum kann diese Kirche nicht jemanden ein zweites Mal taufen, wenn dieser Mensch sich das doch so sehr wünscht? Gerade wenn das bedeutet, dass man auf diesem Wege ein Mitglied mehr bekommt, anstatt dass es wie üblich nahezu täglich weniger werden. Das ist nicht zu verstehen, oder? Da ist es doch kein Wunder, dass diesem Laden die Leute weglaufen. Oder?

Das hätte ich gedacht – und keine weiteren Fragen gestellt. Ich hätte mich nicht gefragt, was genau hinter der Idee der Taufe steckt und warum sie nicht in zweites Mal möglich (oder nötig) ist. Warum diese Kirche das eigentlich so handhabt und warum andere es anders machen. Ich hätte meine Meinung gehabt, bestätigt bekommen und basta. Sie infrage zu stellen, wäre mir nicht in den Sinn gekommen. Vielleicht, weil ich Angst hatte, dass mein schönes so scheinbar festes Gefüge, in dem ich mich bewegt hatte, zu bröckeln begonnen hätte. Es war doch schließlich „alles gut" gewesen ohne Gott.

Mein Trost ließ zum Glück nicht lange auf sich warten. Und ich bin sehr dankbar, dass meine Pastorin damals nicht einfach sagte: „Okay, also, eigentlich geht das nicht, denn Sie sind ja schon getauft – aber okay, weil Sie es sind und dann ja eintreten, machen wir natürlich eine Ausnahme!"

Dafür brauche ich dann auch keine Kirche.

Meine Pastorin fragte mich stattdessen, was ich denn verbinde mit meinem Wunsch nach einer Taufe und was genau dieser Wunsch beinhalte. Und als ich ihr erzählte, dass ich mir wünschte, dass mein Weg ein plastisches Erlebnis erhalten solle, dass ich mir eine Feier, eine Art Öffentlichkeit und einen Segen wünsche: Da war natürlich nichts weniger unmöglich als das. Einfacher gesagt: Selbstverständlich war das möglich. Und selbstverständlich erfüllte mir die Kirche meinen Wunsch. Nur eben nicht einfach so, wie ich es mir zuerst vorgestellt hatte.

Genau das finde ich gut. Dass diese Institution Überzeugungen lebt und nicht einfach über den Haufen wirft oder den Bedürfnissen Einzelner anpasst, nur um sich als modern zu beweisen und flexibel zu zeigen. Denn es wäre ja nur dem Anschein nach. Die echte, ehrliche Haltung der Kirche, wie ich sie in den vergangenen Jahren (in der ev.-luth. Landeskirche Hannover) erlebt habe, zeigte sich meiner Empfindung nach ganz woanders: nämlich im Kommen- und Gehen-Lassen, in geöffneten und immer offenen Türen.

Und am 8. Mai 2020, 43 Jahre nach meiner Taufe, die ich so viele Jahre lang am liebsten nie erlebt hätte, an der mich so lange gestört hatte, dass sie einfach passiert ist, ohne dass man mich gefragt hatte, mit der ich so lange nichts hatte anfangen können und mit der ich so lange nichts verbunden hatte: Da stieß ich auf sie an und dankte meinen Eltern in Gedanken dafür, dass sie damals diese Entscheidung getroffen hatten für mich. Weil es unheimlich schön sein kann, etwas zu bekommen, ohne selbst etwas dafür tun zu müssen.

Diese Segnung trug ich mein ganzes Leben lang in mir, auch zu Zeiten, in denen ich selbst sie gar nicht gewollte hatte und mich sogar gegen sie entschieden hätte, hätte ich mich denn selbst entscheiden können.

Heute bin ich froh und dankbar, dass mir dieser Segen geschenkt und nicht wieder genommen wurde, was auch immer ich tat. Gott ist immer bei mir gewesen, ob ich wollte oder nicht, ob ich es merkte oder nicht, ob ich ihn so nannte oder nicht. Ich deute zwar im Nachhinein nicht an allen Wegpunkten meines Lebens auf einmal Gott als richtungsgebenden Faktor. Aber ich besinne mich fokussierter darauf, was mir alles Gutes passiert ist, was ich alles überstanden habe – anders gesagt: wie gesegnet und behütet ich war, ohne es zu wissen und ohne es bewusst zu spüren.

Das alles verstand ich erst, nachdem meine Pastorin gesagt hatte: Eine zweite Taufe geht nicht. Und so hat diese vermeintlich so strenge, eingefahrene Regel dafür gesorgt, dass ich in Ruhe reflektiert habe, welche Wege meinem Leben eigentlich gezeigt worden sind und wofür welcher Umweg, und sei er noch so schmerzhaft oder steinig gewesen, denn wohl gut gewesen ist.

19

Meine Konfirmation

Gott ist es, der mich mit Kraft ausrüstet.

PSALM 18,33

Ich war 41 Jahre alt und hatte etwa drei Viertel meines Lebens damit verbracht, mich nicht mit der Kraft zu beschäftigen, die Gott mir geben kann. Ich hatte sogar bewusst auf sie verzichtet. Schließlich war mir ja gar nicht klar gewesen, dass Gott überhaupt eine Kraft sein kann, und dass es kräftigen kann, mit dieser Herrlichkeit zu leben.

Als ich nach und nach mit dieser Kraft in Kontakt gekommen war, in ihre Hände gefallen war, sie mir einen Weg gezeigt hatte – da fing ich an, meinen engsten Menschen gegenüber ab und zu Andeutungen in diese Richtung zu machen. Für mich war diese Veränderung alles umgreifend, meine Andeutungen dazu aber waren winzig – denn wie bloß sollte ich davon berichten?

Ich kann ja schlecht beim Kaffeetrinken erzählen: „Übrigens, Leute, ich glaube jetzt an Gott!" Wie erzählt man so etwas? Wenn man nicht gerade einen Engel hat, dem man flüstern kann, dass man sich auf so sonderbare Weise von kleinen Kapellen angezogen fühlt und man gar nicht so recht kapiert, warum?

In anderen Worten: Meiner sehr alten Schulfreundin konnte ich erzählen, dass da etwas passiert, was ich nicht verstehe. Und sie? Sie hörte einfach nur zu.

Das tat gut und beruhigte mich. Bei anderen fing ich nach und nach damit an, manchmal Formulierungen zu nutzen wie, etwas müsse der „Kosmos" entscheiden. Das war noch ganz zu Beginn meiner langsam wachsenden Erkenntnis, dass ich als Mensch ja gar nicht alles in der Hand und unter Kontrolle habe.

Später ließ ich mitunter fallen, dass ich im Gottesdienst gewesen sei und die Kantaten so wunderbar waren, oder ich erzählte etwas aus der Predigt, das neu für mich war und das ich plane, in mein Leben zu integrieren. Oder dass ich im Gottesdienst etwas gehört hatte, was mich Dinge in einem anderen Licht betrachten lässt, die ich vor vielen Jahren erlebt hatte.

Bei manchen meiner Menschen war ich überrascht, wie selbstverständlich solche Ansätze für sie waren und dass sie mir ganz en passant erzählten, welchen Pastor sie selbst besonders gern predigen hören. Manchmal hatte ich bis dato überhaupt nicht gewusst, dass sie mitunter einen Gottesdienst besuchen – dass Gott überhaupt eine Rolle in ihrem Leben spielt.

Bei anderen spürte ich, wie sich die innere Stirn runzelte, was denn wohl mit mir los sei. Ich sei doch auch sonst ganz gescheit.

Doch ich habe auch so viel Freude, Rührung und Liebe erlebt, als ich andere an meinen bewusstseinsverändernden Erlebnissen teilhaben ließ, dass ich diesen neuen Teil meines Lebens mit ihnen feiern wollte.

Natürlich auch ohne Taufe. Weil ich gespürt hatte, dass mein Wunsch nicht aus dem Prinzip einer verstockten, in die Jahre gekommenen, längst nicht mehr zeitgemäßen Institution heraus abgelehnt worden, sondern schon lange in Erfüllung gegangen war. Sogar noch bevor ich selbst wusste, dass ich diesen Wunsch überhaupt habe. Und weil ich, je länger ich darüber nachdenke, darüber sehr berührt und glücklich bin.

Ich wollte feiern, dass ich diesen neuen Weg gefunden hatte, dass es mir gut ging damit und dass ich neue Blickwinkel und Perspektiven gewonnen hatte, auf neue Kräfte vertrauen und neue Gefühle zulassen konnte. Ich wollte meine engsten Menschen bei meiner neuen Segnung um mich herum haben; auch nicht so enge, mit denen ich allerdings ein paar wenige Augenblicke erlebt hatte, die es ohne Gott nicht gegeben hätte. Ich wollte Gott etwas sagen, wollte, dass wir alle gemeinsam singen – und dass meine Menschen mir einen Wunsch für meinen neuen Weg mitgeben.

Und da sich diese Feier für mich wie der Beginn eines neuen Lebens anfühlte, wollte ich sie ganz nah an meinem Geburtstag erleben. Das alles wusste ich schon, bevor meine Pastorin und ich ihr den Namen „Konfirmation" gaben.

Über einige Monate hinweg sprachen wir darüber, was zu dieser Feier gehören solle, warum ich sie mir überhaupt wünschte und was sie für mich bedeutet. Wir sprachen darüber, zu was ich eigentlich meine Gäste einladen werde, ganz pragmatisch: Was soll auf der Einladungskarte stehen? Ich lade dich ein zu …? Zu meiner Feier am … in der Kirche …? Hä?

Als wir darauf kamen, dass ich mit dieser Feier etwas bestätigen möchte, das schon lange da war, lag der Begriff natürlich sofort auf dem Tisch, und wir mussten beide lachen. Konfirmation. Mit 42.

Ich grinse noch heute über das ganze Gesicht, wenn ich daran denke. Weil ich es nicht nur großartig finde, dass ich mich mit 14 Jahren gegen meine Konfirmation entschieden habe, sondern auch, dass mich eine Pastorin fand und ich eine Pastorin fand, für die das alles selbstverständlich möglich war.

„Konfirmation? Mit 42? Geht das denn?", fragten mich so einige, als sie davon hörten – selbst Menschen, von denen ich bis dahin gedacht hatte, sie seien am Puls der Zeit.

Und ich fragte mich, warum das nicht gehen solle.

Meine Einladungskarten schrieb ich per Hand und an jede und jeden ein wenig anders – abhängig davon, worüber ich mit diesen Menschen schon gesprochen und was ich mit ihnen auf meinem Weg mit Gott erlebt hatte oder auch nicht. Ich suchte Lieder aus und überlegte zusammen mit meiner Pastorin, wie wir wohl mein Bekenntnis zum Glauben gestalten könnten, denn ihre Frage und meine gewisperte Antwort, wie sie bei jugendlichen Konfirmationen üblich sind, erschien uns beiden so gar nicht stimmig.

Überhaupt dachte ich in jener Zeit oft darüber nach, ob die übliche Konfirmation nicht zu früh stattfinde. Zu früh, als dass den jungen Menschen klar sein könne, worum es da eigentlich geht. Wenn ich aber an die Konfirmation meiner Nichte zurückdenke, etwa ein halbes Jahr vor meiner eigenen, bekomme ich eine Idee davon, warum diese Feiern im Jugendalter begangen werden.

Denn als der Pastor zu jedem einzelnen dieser jungen, vermutlich in vielerlei Hinsicht unsicheren Menschen sagte: „Du bist wunderbar", und als es in der Predigt um die Schwierigkeiten ging, die Eltern damit haben mögen, wenn ihre Kinder langsam in ein Alter kommen, in dem sie beginnen, sich ihre eigenen Gedanken zu machen, sich innerlich und äußerlich zu entfernen von ihren Eltern, und Eltern dies auch sehr besorgen kann, wenn ihnen das rechte Vertrauen ins große Ganze fehlt oder aus ganz anderen Gründen, die in jedem Menschen selbst begründet liegen, da dachte ich: Diese Feier und das Zulassen solcher Gedanken kommen zum richtigen Zeitpunkt.

Es ist gut, im Alter von 14 oder 15 Jahren zu hören, dass man wunderbar sei. Es ist bestimmt auch gut für Eltern zu hören, dass es normal ist, was gerade passiert, dass sich das Verhältnis zu ihren Kindern nun nach und nach ändern, lockern wird. Dass sie nicht mehr immer auf sie aufpassen können, dass sie sie nicht vor allem bewahren können, dass sie sie ziehen lassen müssen. Dass das schwer ist, sie aber darauf vertrauen können, dass ihre Kinder immer gut behütet sein werden.

Ich saß da mit Anfang 40 und verstand auf einmal, dass auch ich gern einen solchen Satz vor 25 Jahren gehört hätte: „Du bist wunderbar." Ob ich ihn damals auch so hätte empfinden können oder nicht.

Wichtiger als diese Erkenntnis war für mich aber die andere, die aus der Predigt: dass es nicht nur für Kinder schwer ist, den richtigen Grad der Ablösung von ihren Eltern zu finden. In diesem Augenblick spürte ich zum ersten Mal im Leben, dass es für Eltern verdammt schwer sein muss auszuhalten, die eigenen Kinder nicht beschützen zu können. Vor allem, wenn Eltern glauben, dass nur sie selbst ihre Kinder beschützen können und auch müssen – vielleicht, weil da sonst nichts ist, das ihre Kinder beschützt. Dass es nahezu unerträglich sein muss, ohne das Vertrauen in Glaube, Liebe und Hoffnung einen kleinen Menschen der Welt auszusetzen und sich ganz allein für sein Heil verantwortlich zu fühlen.

Ich verstand auf einmal, dass ich selbst ohne Gottvertrauen niemals imstande gewesen wäre, Kinder großzuziehen. Niemals hätte ich die Sorge aushalten können, ihnen könne etwas zustoßen, sie könnten traurig sein und ich keine Idee haben, sie zu trösten, ihnen nicht die richtigen Ratschläge geben und dafür sorgen, dass ihnen nichts passiert.

„Heute wurde ich gesegnet
für den Schritt in weites Land.
Ihr seid da, habt mich begleitet,
reicht mir weiter eure Hand."

Das sangen die Konfirmandinnen und Konfirmanden, und die Eltern antworteten:

„Heute stehe ich und schaue,
was aus dir geworden ist,
und ganz fest ich drauf vertraue,
dass es gut ist, was du bist.

Gestern hab ich dich getragen
in den Händen, du warst klein.
Hatte selbst so viele Fragen,
solltest wohl behütet sein.

Morgen wirst du weitergehen
einen Schritt in weites Land.
Möchte weiter auf dich sehen,
reich dir weiter meine Hand.“

Der Text von „Heute wurde ich gesegnet" ist so einfach, bei beiden Konfirmationen meiner zwei Nichten wurde er gesungen. Und bei jedem Lesen, Hören und Singen wird mir mehr klar, was es bedeuten muss, wenn es sich anfühlt, gerade noch einen kleinen Menschen im Arm gehalten zu haben und ihn am nächsten Tag da vorne in der Kirche, im vielleicht ersten Kleid oder Anzug des Lebens zu sehen und nicht viel mehr tun zu können, als diesem Menschen weiter die Hand zu reichen – und im Alltag vermutlich immer mal wieder damit leben zu müssen, dass diese Hand abgelehnt wird. Von demselben Lebewesen, das ich gerade noch im Arm hielt, es wusch und fütterte. Das ohne mich nicht lebensfähig gewesen wäre.

Dass es dann sehr tröstlich sein kann, mehr noch: fast unaushaltbar sein kann, ohne eine Hoffnung zu haben und ein Vertrauen, dass es eine Kraft gibt, die außer mir noch dafür sorgt, dass dieser Mensch einen guten Weg für sich finden wird, davon bin ich seit diesen Feiern überzeugt.

Ob ich auf solche, für inneren Frieden und Ruhe sorgende Gedanken auch gekommen wäre, ohne diese Konfirmationen meiner Nichten miterlebt zu haben, ohne diese Liedtexte gelesen und gesungen zu haben, ohne die Worte des Pastors dazu gehört zu haben: Ich glaube, nein. Ich glaube, dass es für diesen Perspektivwechsel aus der Kind- in eine mögliche Eltern-Perspektive diese Erlebnisse brauchte und diese Impulse von außen.

Meine eigene Konfirmation sollte natürlich dennoch anders aussehen als die der Teenager, darin waren sich meine Pastorin und ich von Beginn an einig. Anstatt also auf die Frage, ob ich mit Gott leben wolle, mit „Ja" zu antworten, schrieb ich Gott einen Brief.

„Als ich das erste Mal von dir hörte, da wurde mir erzählt, du seist etwas, das über die Welt herrscht. Das darüber entscheidet, ob es irgendwo Krieg gibt oder Unfälle, Krankheiten oder Tod, Glück oder Erfolg. Wie eine Art Puppenspieler – oder Strippenzieher.

Dieses Bild von dir widersprach allem, was ich mir vorstellen konnte, und allem, was ich glaubte, woran es liegen kann, dass es Kriege gibt oder Unfälle, Krankheiten oder Tod, Glück oder Erfolg.

Und dann wurde mir auch noch gesagt, dass ich, wenn ich mit dir spreche, die Hände falten muss! Das widersprach meinem Freiheitswillen so total, dass ich radikal wurde und beschloss, dass du kein Thema für mich bist.

Doch du, du wusstest es besser.

Du wusstest besser, was du bist und was du sein kannst.

Und du hast einfach eines Tages damit angefangen, mir das zu zeigen.

Ganz lange habe ich das nicht sehen können, nicht wahrnehmen können, nicht spüren können.

Doch du hast einfach nicht lockergelassen.

Du hast mir Türen gezeigt, die offen stehen, wenn andere zugefallen waren.

Du hast mir gezeigt, dass ich gut so bin, wie ich bin – auch wenn ich nicht alles kann.

Du hast mir gezeigt, dass nicht alles, was geschieht, in meiner Hand liegt – auch wenn ich mich noch so anstrenge.

Sondern dass alles, was passiert, einen Sinn ergibt – wenn auch erst Jahre später.

Du hast mir den Mut gegeben, meinen Impulsen zu folgen.

Und du hast mir das Vertrauen gegeben, dass das, was ich mache und wie ich handele, richtig ist. Das Richtige ist. Auch, wenn ich Fehler mache.

Du hast mir Menschen an die Seite gestellt, die mich als genau das akzeptieren, was ich bin, und die mit mir jeden Knoten meines Lebensfadens entlanggehen. Und mich dabei unterstützen, die Knoten zu einem lockeren, sich hin und her schlängelnden Faden zu machen."

Das las ich vor und dankte Gott dafür. Weil ich wirklich von Herzen dankbar dafür bin, welchen Weg ich gefunden habe in den vergangenen Jahren, welche Türen mir Menschen geöffnet hatten, welche Hände mir gereicht worden sind.

"Ich freue mich wahnsinnig, dass wir uns endlich kennengelernt haben. Lass uns weiter so machen. Amen."

So endete mein Brief. Und anders kann ich es tatsächlich nicht sagen. Ich freue mich wahnsinnig darüber, diese große Kraft kennengelernt zu haben, die zwischen Menschen entstehen kann, die ich schon lange in der Natur und in der Musik gespürt hatte und die ich endlich auch aufnehmen kann. Ich platze beinahe vor Freude, dieses neue Vertrauen zu spüren, dass alles einen Sinn hat, und ich weine vor Dankbarkeit, dass ich heute mit Hoffnung leben kann, in Vergebung und Liebe.

Für meine Konfirmation einen Tag nach meinem Geburtstag hatte ich einen Gottesdienst ganz für mich alleine bekommen, an einem Sonntag um 11.30 Uhr, nach dem großen Gottesdienst, in der kleinen Kapelle unserer zentralen Innenstadtkirche. Es war die Kirche, in der ich meine Tränen am Karfreitag geweint, meine ersten Kerzen angezündet und meine ersten Gottesdienste besucht hatte. Deren schiefer Turm mir so sympathisch ist und deren helles Licht ich so mag.

Dort las ich also meinen Brief an Gott vor. Gottes Antwort auf meinen Brief brachte alle zum Lachen: Seine „Rekord-Christin" sei ich, las meine Pastorin den Brief von Gott an Carolin vor, und die ganze Kapelle lachte auf. Als ich meinen Brief vorgelesen hatte, hatte die ganze Kapelle geweint.

Zum Ende der Feier standen wir in einem Kreis, und wer mochte, las seinen oder ihren Wunsch an mich vor. So viel Liebe, so viel Rührung und so viel Versöhnung habe ich noch nie in meinem Leben erlebt.

In dieser Kapelle an diesem Sonntagmittag habe ich bei einigen meiner Menschen etwas Neues kennengelernt, etwas über sie erfahren, das mir bislang nicht klar gewesen war. Ich habe Wesenszüge erlebt, die ich noch nicht kannte, und Emotionen, die außerhalb dieses Raumes, dieser Feier niemals entstanden wären. Ich habe Worte gesagt bekommen, die im Alltag oder bei einer Geburtstagsfeier so nie gefallen wären.

Wenn ich heute zu einem Gottesdienst in diesen Raum zurückkehre, spüre ich noch immer die Kraft, die mir diese Feier gegeben hat, die Liebe, die sie mir in die Seele gepflanzt hat, das Vertrauen und die Hoffnung, die ich durch das Miteinander meiner Menschen seither in mir trage: das Vertrauen und die Hoffnung, dass mein Leben gut wird – weil ich mit diesen Menschen lebe und im Reich der Kraft.

Das Gefühl, wir seien für einen Moment alle miteinander verbunden gewesen, egal was auch gewesen sein mag, egal, was noch kommen mag: Dieses Gefühl trage ich mit mir und in mir, es steckt in meinen Zellen und in allem, was meine Zellen zusammenhält.

Und dann ist da noch der Schatz, der seit meiner Konfirmation bei mir zu Hause liegt. Ich hatte mich nämlich getraut, einen sehr konkreten Wunsch an meine Gäste zu äußern, auch das hatte ich mittlerweile zum Glück gelernt, sonst hätte ich etwas ganz Wunderbares versäumt. Ich hatte mich getraut, mir etwas Konkretes zu wünschen, das nichts mit einer Sache zu tun hatte, die man besorgen konnte, und dieser Wunsch lautete, man möge mir einen Satz, einen Spruch, einen Wunsch mit auf meinen Weg geben und ihn per Hand in ein eigens dafür angeschafftes Büchlein schreiben.

Dieses Buch ist ein Geschenk fürs Leben.

Ja, ich bewahre auch Geburtstagskarten in einem Kasten auf und lese sie mitunter sogar noch einmal Jahre später durch – und bin verwundert und manchmal berührt, wer da welche Formulierungen verwendet hatte.

Aber mein Konfirmationsalbum ist ein Segen.

„Wer dem Glauben vertraut, die Liebe in sich trägt, der Hoffnung

Raum gibt – die/der hat alles!", schrieb mir eine vertraute Wegbegleiterin, die mir schon fast 15 Jahre zuvor großen Mut auf meinem Weg in die Selbstständigkeit gemacht hatte: indem sie mit herzlicher Grobheit meine Befürchtungen zerschlug, von einer Freiberuflichkeit als Journalistin niemals leben zu können. „Das ist doch Quatsch", lautete ihre einfache Antwort auf meine damaligen Sorgen.

Meine Eltern suchten als Beitrag für mein Wünschebuch das Zitat von John Barrymore aus: „Oft kommt das Glück durch eine Tür herein, von der man gar nicht wusste, dass man sie offengelassen hatte." Ich kannte es bis dato nicht – und bin fasziniert, wie passgenau dieses Bild meinen Weg beschreibt.

Meine alte Schulfreundin – mein erster Engel – nannte unsere geteilten Erlebnisse ein „Lebensgeschenk" und legte mir ein Zitat von Meister Eckhart bei.

„Du brauchst Gott
weder hier noch dort zu suchen,
er ist nicht ferner
als vor der Tür des Herzens.

Da steht er und harrt und wartet,
wen er bereit finde,
und der ihm auftue und ihn einlasse.

Du brauchst ihn nicht von weit her zu rufen.
Er kann es weniger erwarten als du,
dass du ihm auftust.

Es ist ein Zeitpunkt:
Das Auftun und das Eingehen."

Sie formulierte meinen Weg als Suchen und Finden, als Gefundenwerden und Sich-finden-lassen, und das trifft es sehr genau. Ich habe gesucht, ohne zu wissen, was. Ich habe etwas gefunden, mit dem ich nicht gerechnet hatte. Ich bin gefunden worden und habe mich finden lassen.

In meinem Konfirmationsalbum stehen die wohl größten Geschenke meines Lebens. Geschenkte Worte der Vergebung und Versöhnung, des Verstehens und des Verständnisses, des Respekts und der Liebe. Meine Menschen haben ihre Herzen geöffnet und mir ein Stück von ihnen mit auf meinen Weg gegeben, als Proviant für die Reise. Hätte ich sie alle einen Tag vorher eingeladen, zu meinem Geburtstag: Dann hätten wir mit Sicherheit eine schöne Feier gehabt. Aber ohne diese Art von Nahrung für die Seele, denn diese Nahrung wird nicht weniger, wenn ich von ihr nehme.

Am nächsten Morgen machte ich einen Spaziergang hinauf auf den kleinen Berg inmitten unserer Stadt, er ist nicht mehr als ein Hügel, aber man blickt von dort oben über alle drei Kirchtürme der Stadt. In jeder dieser drei Kirchen hatte ich traurige und tröstende, freudige und fröhliche Momente erlebt. Ich stand dort oben, blickte auf mein Zuhause und fühlte mich wie neu geboren.

20

Ich war 42 und neu geboren

*Wir sind entkommen wie ein Vogel aus
dem Netz des Vogelfängers, das Netz ist
zerrissen – und wir sind frei!*

PSALM 124,7

Die Ruhe, die mich in Kirchen und bei Gottesdiensten fand, sie verlässt mich nicht, wenn ich die Kirchen verlasse und der Gottesdienst beendet ist. Das ist das Fantastische seit Gott. Die Ruhe, die ich zuerst begann zu spüren, wenn ich mich auf einer Kirchenbank niederlassen und dort einfach sitzen bleiben konnte, ohne viel zu tun, und ich zum ersten Mal geschehen lassen konnte, was dann passierte, selbst wenn es Tränen waren, die mir über die Wangen liefen, und die Ruhe, die sich in mir breitmacht, wenn ich in einem Gottesdienst sitze und dort nichts mache, außer da zu sein und einfach geschehen zu lassen, was um mich herum und in mir passiert, ohne mich anzustrengen oder etwas bewirken zu wollen: Diese Ruhe hat sich in mir eingenistet.

Sie hat mich seither nicht mehr verlassen. Sie kommt mit, wenn ich aus der Kirche nach Hause gehe, und sie läuft nicht davon, wenn es eine Nachricht gibt, die mich aus dem Gleichgewicht bringen könnte, die mir Sorgen macht oder mich ängstigt, die einen mir nahen Menschen in Stress versetzt oder in Hektik. Sie bleibt einfach da.

Nun will ich nicht behaupten, ich sei von dem Duracell-Hasen von früher zu einem still ruhenden See geworden. Überhaupt nicht. Und natürlich bin ich überhaupt nicht immer gelassen, entspannt und cool, niemals besorgt oder beängstigt, gestresst oder in Hektik. Natürlich bin ich all das, immer noch und immer wieder.

Natürlich färbt auch die Stimmung eines mir nahestehenden Menschen immer mal wieder auf mich ab, ohne dass ich mich dagegen wehren könnte. Ich werde dann pampig, ohne es zu wollen, weil ich diese Stimmung gar nicht aushalten kann.

Es ist die Grundschwingung, die sich verändert hat. Wenn etwas Besorgniserregendes passiert, dann weiß ich mittlerweile oft sehr schnell, was zu tun ist. Und das ist nicht, zu handeln, Lösungen zu suchen, zu rödeln, zu machen und zu tun. Sondern es bedeutet oft, erst einmal einfach nur auszuhalten, was gerade ist oder was gerade nicht ist. Einfach nur aushalten. Aushalten, dass es gerade so ist, anstatt es schnellstmöglich zum Guten ändern zu wollen.

Das ist eine Ruhe, eine Art von Gelassenheit, die ich erst mit Gott gefunden habe. Mit der Vorstellung, dass es gerade nichts gibt, was ich tun kann, als da zu sein, einfach nur zu existieren. Nicht den Raum zu verlassen, aber auch nicht viele schnelle Sätze zu sprechen – wenn es darum geht, dass mein Gegenüber in einer schwierigen Lage ist. Ich kann die schwierige Lage mittlerweile aushalten, anstatt sie so schnell wie möglich vereinfachen zu wollen.

Wenn ich selbst es bin, die sich in einer schwierigen Lage wiederfindet, dann ist es mit der inneren Ruhe ein wenig schwieriger. Dann neige ich noch dazu, zügig nach Lösungen für meine Probleme zu suchen. Aber es wird weniger.

Es kann unglaublich befreiend sein, etwas annehmen zu können, wie es ist, anstatt pausenlos auf Verbesserungspotenzial zu schielen. Es lässt mich fliegen.

21

Gott ist mein Bauchgefühl

Denk über diese Dinge nach!
Der Herr wird dir in allem
das nötige Verständnis geben.

2. TIMOTHEUS 2,7

Als der Vater der Freundin starb, mit der ich am Ostermontag meinen ersten Kantatengottesdienst erlebte und sie mit 40 Jahren keine Eltern mehr hatte, saß ich bei der Trauerfeier neben ihr. Als wir „Möge die Straße" sangen und mir bei „Und bis wir uns wiedersehen, halte Gott dich fest in seiner Hand" die Stimme wegen meiner Tränen stockte und ich nicht weitersingen konnte, da habe ich zum ersten Mal im Leben ganz bewusst getan, was Gott mir gesagt hat.

Gott, mein Bauchgefühl. Nimm ihre Hand, sagte es.

Ganz neu war so ein Gefühl zwar nicht. Die Hand von jemandem zu nehmen, jemanden zu umarmen, wenn sie oder er mir traurig scheint: Das innere Zucken war schon häufiger da gewesen. Aber es blieb immer innen. Ich traute mich einfach nicht, diesem Impuls zu folgen – aus Angst, mein Gegenüber würde vielleicht gar nicht wollen, dass ich ihm so nahekomme.

Und so blieb aus meinem inneren Zucken häufig nur noch mehr Traurigkeit übrig: meine eigene nämlich, darüber, dass ich mich nicht getraut habe, die Brücke zu schlagen zwischen meiner

Seele und der des anderen Menschen. Dass ich meine Angst nicht überwunden habe und stattdessen mit dem Gefühl zurückblieb, nicht habe trösten zu können. Etwas nicht getan zu haben, was ich doch so gern getan hätte.

Dass ich es bei dieser Beerdigung anders gemacht habe, dass ich ihre Hand genommen und irgendwann einfach wieder losgelassen habe, ohne mir über den wiederum dafür richtigen Moment ebenfalls den Kopf zu zerbrechen: Darüber bin ich noch Jahre später froh. Endlich blieb nach so einem Tag keine Lücke übrig, kein „hätte ich doch" und kein „wie wäre es wohl gewesen, wenn?".

Meiner Intuition gefolgt zu sein, tat mir unheimlich gut. Seither versuche ich das mehr und mehr. Aber „einfach auf den Bauch zu hören", wie es oft so schön heißt, fiel mir nicht nur all die Jahre ohne Gott im Bauch schwer, als ich mich noch ausschließlich auf meinen Verstand als Handlungsratgeber verließ.

Ich habe Entscheidungen in meinem Leben getroffen, da wusste ich bereits im Augenblick der Entscheidung, dass es die falsche ist. Dass das, was ich mir da vornahm, nicht das Richtige ist, es nicht funktionieren wird.

Doch das war immer „bloß ein Gefühl", und auf Gefühle hörte ich damals noch nicht. Gefühle waren mir zu diffus, zu unbegründet, zu wenig nachvollziehbar. Ich brauchte Argumente, innere Debatten, um meine Entscheidungen zu fällen. Es wäre mir peinlich gewesen zu sagen, ich hätte etwas aus einem Gefühl heraus entschieden.

Es war, als seien Gefühle weniger wert als Gedanken. Etwas, das man lieber nicht so ernst nehmen solle – vielleicht, weil sie oft so schwer zu greifen, zu begründen oder zu erklären sind. Und ich war der Meinung, ich müsse alles, was ich mache, aus einem Fundament aus guten Gründen tun. Gefühle als Fundament? Viel zu brüchig.

In dieser Hinsicht habe ich eine komplette Kehrtwendung gemacht seit Gott. Tatsächlich fällt es mir auch mit Gott im Bauch mitunter noch sehr schwer, Entscheidungen ganz bewusst nach meinem Gefühl zu treffen. Alltägliches Handeln einfach aus dem Bauch heraus zu gestalten, ohne das Für und Wider innerlich so lange abzuwägen, bis ich nahezu sicher sein konnte, richtig zu handeln. Es fällt mir auch mit Gott im Bauch schwer. Da kann Gott noch so laut rufen. Ich höre das zwar – und handele trotzdem nicht danach.

Aber ich übe und übe und übe. Und bin noch nicht ein Mal auf die Nase gefallen damit. Immer schon im richtigen Moment darauf zu hören, darauf zu vertrauen, dass es wirklich das Richtige ist, was „mein Bauch" da gerade sagt, und mich zu trauen, tatsächlich die entsprechende Entscheidung zu treffen – das ist mir zwar noch nicht gelungen.

Aber meine Haltung hat sich grundlegend geändert, seit ich meine neue Ruhe fand. Ich denke sogar mittlerweile, dass es ein „richtig" in der Abwägung kaum gibt. Wer kann denn schon sagen, was richtig ist? Und anhand welcher Parameter? Ich kann letztlich nur so handeln, wie ich es für richtig empfinde. Und auf die Gefahr hin, dass es jetzt kitschig klingt: Ich lebe heute mit der Sicherheit, dass mir gezeigt wird, was richtig ist. Dass mein Bauchgefühl es mir sagt. Dass ich diesem Bauchgefühl folgen darf. Und dass ich dieses Bauchgefühl durchaus hin und wieder Gott nennen kann.

22

Mein neues Universum

*Ich bilde mir nicht ein, das Ziel schon
erreicht zu haben. Eins aber tue ich: Ich
lasse das, was hinter mir liegt, bewusst
zurück, konzentriere mich völlig auf das,
was vor mir liegt.*

PHILIPPER 3,13

Manchmal ist mein neues Universum ganz banal. Dann sind es die
ganz kleinen, beinahe zu belächelnden Dinge, die einfach so im
Alltag passieren, die ich heute anders wahrnehme als früher. Die
ich nicht mehr „Zufall" nenne, mich kurz darüber freue und sie
dann beiseitelege. Sondern über die ich bewusst nachdenke, wie es
kam, dass sie passierten, und sie statt als Zufall als Geschenk be-
zeichne.

Je nach Situation sind dies für mich Geschenke der Natur, Geschenke anderer Menschen, Geschenke des Kosmos – und immer
öfter auch ganz bewusst Geschenke Gottes. Die Wertschätzung
steigt damit total – und meine Zufriedenheit auch.

Denn indem ich vieles, was mir passiert, viel bewusster wahrnehme und darüber nachdenke, was das Erlebte mir Gutes getan
hat, geht es mir viel besser als zu Zeiten, in denen ich kleine gute
Dinge gedanklich schnell abhakte und mich zügig daranmachte darüber nachzudenken, was wohl als Nächstes Tolles passieren könnte.

Das ist zum Beispiel so etwas Profanes wie ein Stellplatz auf meinem Lieblings-Campingplatz. Lange hatte ich gedacht, ich besäße einen absoluten Lieblings-Stellplatz, und zwar ganz in der Ecke des Geländes. Mir gefiel, dass ich nur an einer einzigen Seite Nachbarn bekommen konnte, die anderen Seiten aber beschützt sind durch Hecken und Sträucher.

Als ich dann einmal sehr kraftlos und dünnhäutig am Campingplatz ankam, in der Hoffnung auf ein paar Tage voller Ruhe und Kraftschöpfen, war mein Lieblingsplatz belegt. Wir bezogen den Platz direkt daneben und verbrachten mehrere Tage mit den Gedankenspielen, ob wir uns die Mühe eines Umzugs machen sollten, falls der Platz noch frei würde.

Sie lachen sicher schon und wissen, dass diese Gedanken mich natürlich von der völligen Ruhe und dem totalen Kraftschöpfen abgelenkt haben. Weil ich ständig darüber nachdachte, ob dieser schöne Augenblick, den ich gerade erlebte, nebenan nicht vielleicht noch ein wenig schöner gewesen wäre.

Am dritten Abend bekam ich dann das Geschenk für diese Zeit: Die Abendsonne schien so lange auf unseren Platz, dass ich merkte, dass dieser neue Platz mindestens genauso schön, wenn nicht sogar noch schöner ist als der bisherige Lieblingsplatz in der Ecke. Wäre der nicht besetzt gewesen, wäre mir das wohl nie aufgefallen.

Anstatt nun zu sagen, „Mensch, was für ein Zufall!" und zur Tagesordnung zurückzukehren, freue ich mich bis heute über diese geschenkte, weil nicht selbst gesuchte Neuentdeckung. Das mag für die einen banal klingen, für andere nach einer Binsenweisheit. Weil diese Haltung für sie ganz normal ist und weil sie ohnehin nicht immer an einen anderen Ort denken, wenn sie gerade an dem einen Ort sind.

Ich weiß auch, dass viele sagen oder zumindest denken: Na, diese Erkenntnis hättest du ja wohl auch ohne Gott haben können. Das verstehe ich. Ich selbst hätte vor vielen Jahren genauso gedacht.

Aber: Ich hatte diese Erkenntnis nun einmal nicht ohne Gott. Nicht ohne den Besuch von Kirchen, nicht ohne die Gespräche mit Pastorinnen und Pastoren, mit Christinnen und Christen. Nicht ohne das Anhören von Predigten.

Für mich ist diese Erkenntnis das Fenster in ein neues Universum. Denn ich merke, wie ich Stück für Stück ein wenig mehr von meiner lebenslangen Rast- und Ruhelosigkeit ablegen kann. Dass mich Orte, Erlebnisse und Begegnungen schon jetzt viel stärker berühren als vor Gott.

Und wer weiß, vielleicht werde ich in einem anderen, ähnlichen Fall sogar eines Tages ein wenig früher zur Ruhe kommen können und mich nicht mehr ständig fragen, ob das, was ich gerade erlebe, nicht noch ein wenig besser gehen könnte, als es ohnehin schon ist. Ob ein anderer Ort nicht noch ein wenig schöner sein könnte als der, an dem ich gerade bin und den ich durchaus sehr schön finde.

Ein anderer könnte schließlich NOCH schöner sein.

Immerhin kenne ich dieses Gefühl, diese beunruhigenden Fragen, schon so lange ich denken kann. Es wird wohl auch nie ganz weggehen. Das macht aber nichts.

Denn manchmal sind es auch die ganz großen Dinge, die anders sind in meinem neuen Universum.

Wo die Liebe regiert, hat die Angst keinen Platz.
1. JOHANNES 4,18

Denn wirklich lieben kann ich erst seit Gott. Vorher hatte ich zwar schon das Gefühl zu lieben, natürlich. Aber zur wahren Liebe fehlte immer etwas.

Es war immer so, dass ich dachte, es könnte doch noch etwas besser oder zumindest anders sein in meiner Verbindung zu einem anderen Menschen. Es fühlte sich nie an als etwas, das bis in die kleinste Einheit des großen Ganzen richtig und stimmig ist.

Ich glaube, das liegt daran, dass ich vor Gott nicht gelernt hatte, einen Menschen im Ganzen so anzunehmen, wie dieser Mensch ist. Mit allem, was ich mir von diesem Menschen erhoffe, aber nicht bekomme. Allem, was mir an diesem Menschen fehlt und ich mir anders wünsche. Und womit mich dieser Mensch vielleicht einmal sehr verletzt hat.

Liebe deine Mitmenschen wie dich selbst!
MATTHÄUS 22,39

Ich hatte das nicht getan. Weder das eine noch das andere. Mir fehlte der Frieden mit mir selbst, um Frieden mit anderen machen zu können. Mir fehlte die selbst erlebte Vergebung, um anderen vergeben zu können. Mir fehlte das Annehmen meiner selbst. Mit allem, was ich mir von mir erhoffe, aber nicht bekomme. Allem, was mir an mir fehlt und was ich mir an mir anders wünsche. Und womit ich mich selbst vielleicht einmal sehr verletzt habe.

Ich hatte meine Mitmenschen nicht in ihrem Ganzen geliebt und mich selbst schon gar nicht. Erst mit Gott gelingt mir das, nach und nach, ganz langsam und meist besser, dann wieder nicht so gut, dann wieder ein großes Stück besser.

Zwischendurch stören mich zwar wieder Verhaltensweisen und Charakterzüge an anderen, dann kann ich mich dafür nicht ausstehen. Zwischendurch wünsche ich mir zwar wieder Dinge von anderen, die ich von ihnen niemals bekommen werde. Aber: Es gelingt mir immer häufiger anzuerkennen, dass dies einerseits nur ein Wunsch meinerseits ist. Und mein Gegenüber andererseits meinen Wunsch überhaupt nicht erfüllen kann und/ oder soll. Entweder, weil ich den Wunsch gar nicht klar äußere, oder, weil der Mensch ganz einfach nicht so aufgestellt ist, mir diesen Wunsch zu erfüllen.

Drittens sind andere Menschen schließlich gar nicht dafür da, mir meine Wünsche zu erfüllen. Und viertens ist jeder andere Mensch ja genauso gut und richtig und von Gott geliebt und angenommen wie ich – also sollte ich das tunlichst genauso halten.

Heute kann ich anders lieben. Ich kann viel mehr von meinem Gegenüber annehmen, ich habe viel mehr Respekt, bilde mir viel seltener ein Urteil und akzeptiere viel mehr. Überhaupt kann ich häufiger formulieren, dass ich liebe – und ich meine damit keine partnerschaftliche Liebe. Ich kann von Liebe sprechen, wo früher Sprachlosigkeit war.

Partnerschaftlich habe ich seit Gott eine Liebe kennengelernt, die anders ist als jede andere zuvor. Eine Liebe, mit der ich niemals gerechnet hätte. Die ich mir niemals gewünscht hätte – weil ich keinerlei Vorstellung davon hatte, dass es sie gibt. Eine Liebe exakt auf Augenhöhe, gefüllt mit Respekt. Eine Liebe, die beflügelt und erdet, die anspornt und befreit, die Spaß macht und Kraft gibt, Verständnis und Versöhnung, die Worte findet und versteht, die Verständigung sucht anstatt Streit. Die sich von Liebe ernährt anstatt von Hass. Die so ist, wie sie in der Bibel steht.

Liebe ist geduldig, Liebe ist freundlich. Sie kennt keinen Neid, sie spielt sich nicht auf, sie ist nicht eingebildet. Sie

verhält sich nicht taktlos, sie sucht nicht den eigenen Vorteil,
sie verliert nicht die Beherrschung, sie trägt keinem etwas
nach. Sie freut sich nicht, wenn Unrecht geschieht, aber wo
die Wahrheit siegt, freut sie sich mit. Alles erträgt sie, in jeder
Lage glaubt sie, immer hofft sie, allem hält sie stand.

1. KORINTHER, 13

Ohne Gott hätte ich diese Liebe nicht gefunden. Denn diese Liebe saß nicht allein auf einer Bank und wartete auf mich. Als sie begann, schien sie erst einmal unlebbar. Sie war eine Liebe, zu der jeder Satz von Erich Frieds „Was es ist" passte: Sie war Unsinn, Unglück, Schmerz, aussichtslos, lächerlich, leichtsinnig – und unmöglich.

„Es ist Unsinn
sagt die Vernunft
Es ist was es ist
sagt die Liebe
Es ist Unglück
sagt die Berechnung
Es ist nichts als Schmerz
sagt die Angst
Es ist aussichtslos
sagt die Einsicht
Es ist was es ist
sagt die Liebe
Es ist lächerlich
sagt der Stolz
Es ist leichtsinnig
sagt die Vorsicht
Es ist unmöglich

sagt die Erfahrung
Es ist was es ist
sagt die Liebe"

Ohne Gott hätte ich diese Liebe niemals gelebt. Denn ohne die Hoffnung, dass diese so schwierige, scheinbar unüberwindbare Situation, die am Anfang dieser Liebe stand, dieses so eng verknotete Knäuel von Unsinn, Unglück und Schmerz, Aussichtslosigkeit, Lächerlichkeit und Leichtsinn, aus „unmöglich zu lösen" eines Tages zu einem in Kurven und Schleifen, aber ohne Knoten daliegenden Faden werden würde, ohne das Wissen, dass der neue Weg, für den sich zwei Menschen entschieden haben, gut und gesegnet ist, und ohne das Vertrauen, dass das neue Wir die Kraft dazu aufbringen wird, alles zu ertragen, in jeder Lage zu glauben, immer zu hoffen und allem standzuhalten (ohne dass ich 1. Korinther, 13 damals schon gekannt hätte): Ohne diese unbändige Kraft wäre ich der Liebe niemals gefolgt. Ohne Hoffnung und Vertrauen in diese Kraft könnte ich heute (noch immer) nicht sagen, dass ich glücklich bin.

Ich hätte diese Form von Liebe niemals kennengelernt. Das zu wissen, macht mich nicht nur in allen Atomen dankbar. Es verschafft mir eine Empfindung, die ich vorher nicht kannte. Und das ist Demut.

23

Das Glück

Hätte ich Flügel und könnte mich
wie die Morgenröte niederlassen
am äußersten Ende des Meeres,
so würde auch dort deine Hand mich leiten, ja,
deine rechte Hand würde mich halten!

PSALM 139,9.10

Bist du glücklich? Das haben mich früher immer mal wieder Menschen gefragt. Menschen, mit denen ich zusammenlebte, in einer Wohnung, in einem Leben. Ich konnte damit nie mit „Ja" antworten. Nicht unbedingt deswegen, weil ich mich unglücklich fühlte oder bewusst als „nicht glücklich" bezeichnete. Im Gegenteil: Eigentlich hatte ich immer von mir gedacht, ein fröhlicher, froher, zufriedener Mensch zu sein. Allein der Begriff „glücklich" erschien mir stets eine Stufe zu hoch. „Glücklich", antwortete ich dann auf diese Fragen, „glücklich ist so ein großes Wort. Das möchte ich lieber nicht benutzen. Aber zufrieden. Zufrieden bin ich." Ob das mein Gegenüber gekränkt hat oder nicht, ob es verständlich war oder nicht, was ich damals sagte, das weiß ich nicht.

Ich weiß heute aber, dass ich tatsächlich nicht glücklich war. Dass ich gar nicht wirklich wusste, was glücklich zu sein bedeutet. Wie es sich anfühlt, auf die Frage, ob ich glücklich sei, mit leuchtenden Augen lächeln zu können als Antwort. Wo es herkommen soll, dieses Gefühl, wie ich es finden soll, und was ich dafür tun kann, um es zu empfinden.

Auch wenn mich wohl viele meiner Mitmenschen als „Sonnenschein" und positiv denkenden Daueroptimisten bezeichnen würden, als charismatische Anführerin sogar, die andere mitreißen kann in ihrer Begeisterung: Dann würde ich zustimmen und hätte keinen Zweifel daran, mich genau so auch zu fühlen. Aber glücklich zu sein, war eine Nummer zu groß für mich.

Warum das so war, weiß ich erst jetzt. Seit Gott. Seit mir nach und nach klar wird, wie viel Liebe um mich herum ist; Liebe, die ich erst heute bewusst wahrnehmen kann.

Glück ist für mich, so angenommen zu werden, wie ich bin. Mit allem, was jemanden an mir nervt, mit allem, was jemanden an mir stört, allem, was besser sein könnte oder zumindest anders. Mit allem, was ich jemals falsch gemacht habe, falsch mache und immer wieder falsch machen werde. Allem, was ich niemals können und niemals lernen werde.

Ohne dass mein Gegenüber mich eben doch lieber ein wenig anders hätte, und wenn es nur ein klein wenig ist, diese eine Sache nur, die könnte doch bitte anders sein; ob klar ausformuliert oder nur nebenbei in klitzekleinen Dosen angedeutet. Wenn mich jemand mit all diesem annimmt: Das ist Glück. Und wenn mich jemand mit all diesem liebt: Dann ist dies das größte Glück, das ich mir vorstellen kann.

Dazu zähle ich auch mich selbst. Dass ich mich selbst so annehmen kann, wie ich bin, mit allem, was ich in meinem Leben bislang falsch gemacht habe, was ich noch heute falsch mache, was ich nicht kann, worin ich mir selbst nicht gefalle: Mich zu mögen und vielleicht sogar zu lieben, ohne mich ständig selbst optimieren zu müssen – das ist Glück.

Und all das gab es bei mir nicht. Diesen tiefen, inneren Seelenfrieden, der entsteht, wenn man in seinem gesamten Sein geliebt wird, den kannte ich nicht. Dass es heute anders ist, darüber weine ich häufig vor Glück.

Glück ist für mich heute auch, traurig sein zu können. Wenn ich früher merkte, wie mein Hals dick wurde, wie es unangenehmer wurde zu schlucken, wie die Flüssigkeit sich kurz vor meinen Augen versammelte, um zu Tränen zu werden: Dann habe ich einen Knopf im Gehirn gedrückt. Wie mir das gelungen ist, kann ich heute gar nicht mehr sagen – weil es mir heute nicht mehr gelingt.

Ich habe dann schnell beschlossen, trotzdem zu schlucken, auch wenn es unangenehm war, und die Lider so fest nach unten zu drücken, dass für Tränen kein Platz mehr war. Traurig zu sein kam für mich nicht infrage. Traurig zu sein war dafür da, möglichst schnell wieder fröhlich zu sein. Mich zusammenzureißen, „stark" zu sein.

Heute empfinde ich es als stark, traurig zu sein. Ich halte Traurigkeit aus, ohne so schnell wie möglich wieder fröhlich sein zu wollen. Ich halte Schwieriges aus, ohne alles dafür tun zu wollen, dass es bald einfacher wird. Ich kann mir gegenüber so ehrlich sein, bis es wehtut. Das alles geht, weil ich heute weiß, dass ich die Kraft dazu habe. Wie viel gelassener kann ich sein, seit ich weiß, dass ich auch mal traurig sein darf!

Glück entsteht nicht durch Coaching. Natürlich können wir mit unseren Gedanken unsere Gefühle beeinflussen. Darüber gibt es, soweit ich weiß, wenig Zweifel. Mein Glück aber kommt von anderswo.

Eine Freundin hat mir zu meiner Konfirmation Folgendes geschrieben: „Das Streben nach dem Glück ist die stärkste Sehnsucht im Leben eines jeden Menschen. Liebe Carolin, es freut mich sehr, dass du endlich deine innere Zufriedenheit gefunden hast. Es war ein langer Weg, und dieser Weg führte dich nun zu Gott. Tja, wie Somerset Maugham schrieb: ‚Glück ist nie das, was man sich darunter vorgestellt hat.‘ Nicht wahr?"

Ich war fasziniert von ihrer Interpretation dessen, wozu ich sie für diesen Tag eingeladen hatte. Und ich habe gedacht: Ja, recht hat sie. Es stimmt, was sie da geschrieben hat. Niemals hatte ich mir vorgestellt, eines Tages mit Gott glücklich zu sein.

24

Der Trost

Wo ist jemand, wenn er fällt,
der nicht gern wieder aufstünde?
Wo ist jemand, wenn er irregeht,
der nicht gern wieder zurechtkäme?

Jeremia 8,4

Ich hatte immer gedacht, dass ich keinen Trost brauche. Ich bin ja schließlich erwachsen! Und wofür überhaupt Trost, mir ging es doch eigentlich immer gut.

Wenn es mir einmal für einen Moment doch nicht so gut ging, dann habe ich dafür gesorgt, dass es mir bald wieder besser ging. Wobei „schnell" das passendere Wort dafür ist. Und mit „besser" gehen ist auch eher Ablenkung gemeint: Es war nicht so, dass es mir tatsächlich besser ging, weil ich das, warum es mir in dem Augenblick weniger gut gegangen war, durchwalkt hatte. Sondern es war so, dass ich mich davon ablenkte: zum Beispiel indem ich aß, irgendetwas im Fernsehen ansah oder ellenweite Strecken Fahrrad fuhr.

Trost war ich nicht gewohnt, und ich habe ihn auch lange nicht vermisst. Zu vermissen begann ich ihn erst, nachdem ich ihn kennengelernt hatte und mir bewusst geworden ist, wie oft ich zuvor Trost hätte gebrauchen können – und ihn nicht bekommen hatte.

Ich kann mich an keine einzige Situation erinnern, in der ich bewusst um Trost gebeten, nach ihm gesucht oder gefragt habe. Viel lieber und viel öfter habe ich mich selbst getröstet, indem ich mich zusammenriss, bildhaft oder auch wörtlich wieder aufstand und weitermachte – und/oder etwas aß.

Ich hatte ja noch nicht einmal davon erzählt, wenn mich etwas traurig gemacht hatte. Und nicht immer spürte ich, was das überhaupt war für ein Gefühl, das mich kaum schlucken ließ. Dass das etwas war, das man Traurigkeit nennt, wofür man Trost von einem anderen Menschen gebrauchen könnte.

Über Gefühle zu sprechen war nichts, das zu mir gehörte. Im Nachhinein dann, viele Jahre später, schmerzte es sehr, diese Lücke so deutlich zu empfinden. Im Nachhinein habe ich den Trost, der mir scheinbar nie gefehlt hatte, sehr vermisst.

Es hat ein paar Jahre gedauert, bis mir klar wurde, dass ich mich niemals für Trost geöffnet hatte – und dass vielleicht auch gar nicht alle Menschen trösten können. Vielleicht kann nur derjenige trösten, der die Traurigkeit des anderen Menschen aushalten kann.

Ich glaube, ich selbst gehörte dazu. Ich selbst konnte, bevor ich Gott kennenlernte, auch nicht besonders gut trösten. Ich glaube nicht, dass ich die Kraft gehabt hätte auszuhalten, dass es einem geliebten Menschen schlecht geht. Anstatt es auszuhalten und diesem Menschen einfach nur die Hand zu halten und da zu sein, hätte ich immer schnell nach Worten gesucht.

Nach Sätzen, die anfangen mit Formulierungen wie „Aber sieh doch mal …", die also weg von der Traurigkeit führen sollen und den Blick auf etwas Positives lenken. Sätze, die anfangen mit „Wie wäre es denn mit …", die also Ideen für Lösungen präsentieren, die aus der Traurigkeit herausführen sollen.

Nicht ahnend, dass der traurige Mensch gerade weder dazu bereit noch in der Lage ist, vom Traurigen ins Positive zu wechseln und nicht darüber nachdenkend, dass dieser Mensch noch gar keine Ideen präsentiert bekommen möchte, geschweige denn eine Lösung. Dass er oder sie gerade vielleicht einfach nur traurig sein möchte – und dabei vielleicht nicht allein.

Auf so eine Idee war ich vor Gott nie gekommen.

Glücklich zu preisen sind die, die trauern; denn sie werden getröstet werden.
MATTHÄUS 5,4

Ich weiß nicht, ob ich echten Trost früher überhaupt hätte annehmen können. Schließlich habe ich stets steif und fest behauptet, ich würde niemanden brauchen. Ich habe noch im Ohr, wie ich zu den mir nahestehenden Menschen wörtlich gesagt habe: „Ich brauche niemanden." Ich behauptete also, weder Trost noch Menschen zu brauchen, die mir wirklich nahe sind. Das muss man sich mal vorstellen!

Wenn ich es mir recht überlege, gehörte selbst das Wort „brauchen" nicht in einem Sinne zu meinem Wortschatz, der etwas darüber sagt, was ein Mensch braucht für eine Harmonie aus Körper, Geist und Seele. Hätte mich jemand gefragt, was ich brauche für ein glückliches Leben, ich hätte vermutlich geantwortet: „Nichts."

Erst in Gottesdiensten sowie in Gesprächen mit Pastorinnen und Pastoren, aber auch anderen Christinnen und Christen, für die Glaube und Beruf nichts miteinander zu tun haben, habe ich gelernt, dass es nicht das Ziel des Lebens sein sollte, alles allein zu können und nichts von außen zu brauchen. Und dass ich mich darauf verlassen kann, dass ich Unterstützung erhalte, und zwar in jeder Lage meines Lebens. Dass ich niemals allein sein werde. Egal, was geschieht.

Dieser Gedanke war so neu für mich, dass er mir die Tür öffnete zum ganz großen Trost. Wie eine Art Trostpaket, das ich jederzeit in mir trage und auf das ich mich verlassen kann. Das in mir ist, aber nicht allein aus mir kommt.

Denke ich heute an meine Haltung von damals zurück, empfinde ich eine Mischung aus Kopfschütteln über so viel Überheblichkeit und Mitgefühl für meine arme überforderte Seele. Zu denken, ich könne (und müsse) ganz allein bestehen, ich käme schon allein mit allem klar, ich hätte keine echten Bedürfnisse: Ich kann mir das heute nur so erklären, dass ich weder eine Vorstellung hatte von einem Leben in Glück und innerem Frieden noch eine Einheit meiner drei Bestandteile Körper, Geist und Seele spürte.

Es fehlte die Verbindung. Ich lebte als Geist in einem Körper, in dem ich mich nicht wohlfühlte, und meine Seele hatte irgendwo unterernährt und unbeachtet in einer Ecke gelegen.

25

Die Freiheit

Zur Freiheit hat Christus uns befreit!

GALATER 5,1

Ich soll meine Hände falten. Ich soll den Kopf gen Boden senken. Ich soll mich womöglich auch noch hinknien. Da ist jemand, der über mich bestimmt, der mein Schicksal in der Hand hat, der mich bewacht und kontrolliert. Da ist eine Institution, der niemand entkommen kann. Und wenn ich einmal eine Entscheidung getroffen habe, kann ich sie nie wieder rückgängig machen.

Viel mehr Zwang konnte ich mir nicht vorstellen. Kirche und Gott hatten für mich daher die längsten Jahre meines Lebens vor allem auch mit Unfreiheit zu tun.

Mittlerweile ist es genau anders herum.

Erst das Verständnis, dass ich als Mensch nicht alleine bin, dass ich nicht alles unter Kontrolle habe und haben kann, dass ich nicht alles beeinflussen kann und dass ich mich ständig weiter selbst optimieren muss: Erst dieses Begreifen und Empfinden hat mich zu einem freien Menschen gemacht.

Ich bin damit aufgewachsen, dass Menschen andere Menschen bewerten. Wie sie aussehen, wie sie sich kleiden, wie sie sich verhalten. Ob sie schlau sind oder weniger, sportlich oder nicht, Geschmack haben oder keinen. Alles Dinge, die eigentlich niemanden etwas angehen außer die Person selbst.

Die Freiheit von der Bewertung habe ich erst mit Gott gelernt. Weil ich eines Tages selbst erlebt habe, dass es Menschen gibt, die all diese Dinge an mir nicht interessieren. Die mich nicht bewerten und nicht denken, ich solle doch lieber ein wenig mehr so sein oder so. Ein bisschen weniger so oder so, lieber dies tun oder jenes lassen.

Ich habe erlebt, wie unendlich gut es tut und wie viel Kraft es gibt, nicht bewertet zu werden. Und wie viel entspannter ich selbst sein kann, wenn ich aufhöre mit dem ständigen Bewerten anderer. Denn die Befreiung vom Urteil, von der Beurteilung, schafft Platz für ganz andere Gedanken. Außerdem muss ich mich viel weniger ärgern, wenn es mir gelingt, mich davon zu befreien, andere zu beurteilen und der Meinung zu sein, sie machten dies oder jenes nicht richtig. Das ist nicht nur nicht fair. Sondern es ist vertane Zeit. Verschwendete Energie.

Leider gelingt mir das nicht immer. Leider ärgere ich mich immer mal wieder über andere, und immer mal wieder nerven mich Verhaltensweisen anderer. Auch wenn ich sie seit Jahren kenne und eigentlich längst akzeptiert habe, gibt es immer mal wieder Momente, in denen ich die gnadenbringende Freiheit vom Urteil völlig vergesse und einfach nur schimpfen könnte wie ein Rohrspatz, warum X wieder dies gesagt oder Z sich wieder so verhalten hat.

Was soll ich sagen. Mein Glück ist mittlerweile, dass ich mir so etwas nicht mehr vorwerfe. Dass ich mich nicht ewig gräme und darüber nachdenke, wie ich das am besten und schnellsten ändern kann. Und ich frustriert bin, wenn es mir nicht gelingt. Sondern ich in guten Momenten milde lächeln kann über meine hehren Worte im krassen Gegensatz zum einfachen Wutausbruch im Alltag. Das gehört zu mir, ich kann damit mittlerweile leben.

Und mich trösten mit einem Zitat von Papst Johannes XXIII: „Nur für heute werde ich mich bemühen, den Tag zu erleben, ohne das Problem meines Lebens auf einmal lösen zu wollen."

Oder auch von Seneca, fast 2.000 Jahre früher: „Was du über dich selbst denkst, ist viel wichtiger als das, was andere über dich denken."

Ich habe bis zu meinem 38. Lebensjahr gedacht, ich könne im Prinzip alles beeinflussen. Ich sollte am besten auch möglichst viel können im Sinne von beherrschen. Und wenn ich mich nur genug anstrenge, dann funktioniert das schon. Leider ließ diese Sichtweise all jenes außer Acht, was nicht in meiner Hand lag. Was ich nicht beeinflussen konnte. Und wie mein Handeln auf andere wirken könnte oder wie ich anderen durch mein Handeln ihre Freiheit nehmen könnte.

Mit Gott habe ich gelernt: Wer glaubt, muss nicht alles können.

Aber alles ist möglich dem, der glaubt, wie die Familie meiner Schwester in mein Konfirmationsalbum schrieb. „Für den, der glaubt, ist alles möglich" (Markus 9,23). Ist das nicht verrückt?

Und wunderbar?

26

Die Prüfungen

Und das ist meine Bitte an Gott:
dass er eure Liebe,
verbunden mit der rechten Erkenntnis
und dem nötigen Einfühlungsvermögen,
immer größer werden lässt.
Dann werdet ihr ein sicheres Urteil haben.

PHILIPPER 1,9

Von den Begriffen aus dem Wortschatz der Kirche, der Bibel, in Gottesdiensten und des Glaubens gibt es viele, die ich früher nicht verstanden habe. Die ich nicht mit Bedeutung füllen konnte oder mit Sinn. Ich konnte mir nichts darunter vorstellen – oder aber mir wurde etwas über diese Begriffe vermittelt, das mir fremd war und mitunter sogar zuwider, sodass ich mich auch gar nicht weiter damit beschäftigen wollte. Bis ich erlebte, was es sein kann, das in diesen Begriffen, diesen Vorstellungen, diesen Ideen stecken kann.

Zu diesen Begriffen gehört das Wort „Prüfung". Eine Prüfung, vor allem eine göttliche, so, wie sie mir in jungen Jahren vermittelt wurde, war für mich stets negativ belegt. Eine Prüfung war etwas Schwieriges, und schwierige Dinge galt es in jener Zeit möglichst schnell zu überwinden, damit das Leben wieder leicht würde. Eine Schwierigkeit oder Unzulänglichkeit anzuerkennen, anzunehmen auch für einen längeren Zeitraum oder vielleicht sogar für immer: Das zählte nicht zum Konzept. War nahezu unvorstellbar – warum schließlich sollte man sich mit Schwierigkeiten belasten? Unzulänglich sein?

Weil es guttun kann. Das sehe ich zumindest heute so. Es kann guttun, Dinge zu akzeptieren, die schwierig sind und unzulänglich. Sie als schwierig und unzulänglich zu akzeptieren – und nicht als Dinge, die schwierig und unzulänglich sind, aber bitte doch eines Tages leichter und besser werden mögen.

Denn manches wird eben nie leichter. Oder besser. Oder einfacher.

So ein Prozess, ein Prozess, Schwieriges zu akzeptieren, anstatt es einfacher machen zu wollen, ist für mich heute eine Prüfung.

Heute kann ich annehmen, dass nicht alles so läuft, wie ich es mir wünsche. Heute kann ich mir bewusst machen, was aus Gescheitertem Gutes entstehen kann. Wie unerfüllte Wünsche und geplatzte Pläne zu etwas wurden, das viel besser ist als das Erhoffte.

Freie Journalistin zu werden war nie mein Ziel, viel lieber hätte ich nach Studium und Volontariat eine Redakteursstelle bekommen. Heute bin ich froh, dass ich damals keine Anstellung fand. Denn die Freiheit, die Selbstbestimmtheit und die Vielfalt, die mir meine Freiberuflichkeit bieten, sind mir so wichtig, wie ich es 15 Jahre zuvor noch nicht einmal ahnen konnte.

Eine Prüfung kann es auch sein, eine Entscheidung (erneut) treffen zu können oder zu müssen. Es hat einmal eine Entscheidung gegeben, die hatte ich gegen meinen Bauch getroffen. Nichts Großes, Lebenswegbestimmendes: aber eine Entscheidung, die zumindest für ein paar Monate meinen Alltag doch stark prägte.

Es war eine Veranstaltung, für die ich meine Teilnahme zugesagt hatte, ja sogar mich um eine Teilnahme beworben hatte, obwohl mein Bauch mir damals gesagt hatte, dass ich daran gar nicht teilnehmen will. Erwartungen von außen und von mir selbst an mich aber hatten meinen Kopf gewinnen lassen: Du musst da mitmachen, waren sich alle einig – bis auf meinen Bauch.

Doch ich hatte nicht auf ihn gehört. Mein Kopf sah die ganze Geschichte nämlich völlig anders. Er sagte: Du kannst doch nicht aufgrund irgend so eines unbestimmten und dann auch noch völlig unbegründeten Gefühls einfach sagen, dass du hier nicht mitmachen möchtest! Nein, das kam nicht infrage. Ich hatte mich also zusammengerissen und tat alles dafür, gut und erfolgreich mitmachen zu können.

Am Ende fiel die Veranstaltung aus, und alle Mühen der Vorbereitung mündeten ins große Nichts. Ich wurde von einem prall gefüllten, festen Luftballon zu einer eingeschrumpelten Masse. Alle Anspannung war weg, aber auch alle Energie. Doch schnell spürte ich auch, dass da noch etwas war: und zwar Erleichterung.

Und bei der Frage, ob sie irgendeines Tages nachgeholt und ich dann erneut meine Teilnahme zusagen würde, da hatte ich das Gefühl, dies sei eine Prüfung. Die Prüfung, wie ich mich dieses Mal entscheide. Ob ich dieses Mal meinem Bauch von damals folge. Ober ob ich aus Erwartungsdruck, Pflichtbewusstsein, Schuldgefühlen, Respekt und dem Anspruch auf Zuverlässigkeit erneut zusage. Oder ob es tatsächlich gute Gründe gibt, diese Entscheidung erneut gegen mein Bauchgefühl, aber aus anderen, sehr wohl nachvollziehbaren, herzeigbaren und wohl überlegten Gründen erneut aus dem Verstand heraus zu treffen.

Ich hatte jedenfalls gut zu tun mit dieser Prüfung. Dieser zweiten Chance. Es war verdammt anstrengend, alles Für und Wider noch einmal durchzufühlen, durchzudenken. Und ob es am Ende die „richtige" Entscheidung sein würde, die ich treffe – welche von beiden auch immer, Zusage oder Absage – das werde ich niemals wissen. Weil ich nie erfahren werde, was passiert wäre, hätte ich die andere Wahl getroffen.

So eine Situation auszuhalten und mir in dieser Situation die Zeit zu geben, auf dieser Entscheidung in Ruhe zu brüten, anstatt dies möglichst schnell zu tun, damit das Thema erledigt ist, abgehakt und die damit verbundenen unangenehmen Gefühle vergessen: Das kann ich erst seit Gott.

Und so eine Form von Prüfung, also auf diese Weise und in dem Sinne geprüft zu werden, dass ich mir selbst die Hand aufs Herz legen muss respektive darf: Das empfinde ich als großartiges Geschenk. Weil es mich stärkt und weiterbringt. Und weil ich beim nächsten oder übernächsten Mal vielleicht schon früher spüren werde, welche Entscheidung ich treffen möchte. Oder beim über-übernächsten Mal.

27

Der Mut

Weil wir nun also
eine so große Hoffnung haben,
treten wir frei und unerschrocken auf.

2. KORINTHER 3,12

Ein ängstlicher Mensch war ich nie. Nicht als Kind, nicht als Jugendliche, nicht als Erwachsene.

Und doch sehe ich Mut heute ganz anders als früher. Für mich bedeutet Mut heute, etwas zu tun, das ich früher nicht gemacht habe. Zum Beispiel davon zu erzählen, wenn es mir schlecht geht. Wenn ich mir einer Sache unsicher bin.

Ich traue mich, mehr von meinem Inneren preiszugeben, ob privat oder im Beruf. Ich bin offener und ehrlicher. Und ich merke, wie neue Beziehungen dadurch ganz anders beginnen, bestehende Beziehungen intensiver werden und andere, auch sehr langjährige, sich auflösen. Es tut mir gut, mich zu öffnen und Sorgen und Zweifel zu formulieren, anstatt sie ausschließlich mit mir selbst auszumachen. Es tut mir gut, andere um Rat und Hilfe zu bitten.

Und dann habe ich auch noch das Glück, dass durch die Tür, die ich zu mir öffne, Gäste eintreten, die nicht mit leeren Händen kommen, sondern mit einer Tüte voller Gaben. Ob diese Gaben im Verständnis für meine Gedanken bestehen oder im Erzählen eigener Sorgen und Zweifel, ob sie dieselbe Ehrlichkeit sind, die ich zurückbekomme oder ein Rat, das Angebot praktischer Unterstützung oder später die Nachfrage, was denn eigentlich aus diesem meinem Thema geworden sei.

Ich hatte zum Beispiel die Idee für ein Buchprojekt: ein Heft über schöne Orte bei uns in der Gegend, die Kraft geben und keinen Eintritt kosten. Ich wusste aber nicht, wie wir das finanzieren sollen. Vor ein paar Jahren hätte ich niemals über diese Unsicherheit gesprochen, außer vielleicht mit engen Freunden. Ich hätte alles dafür getan, selbst eine Lösung zu finden, und hätte im Nachhinein, wenn das Buch fertig gedruckt gewesen wäre, vielleicht ein paar Schwierigkeiten am Anfang erwähnt.

Dieses Mal habe ich es anders gemacht. Als mich jemand bei einem beruflichen Termin fragte, wie es denn „sonst so gehe", habe ich einfach einmal erzählt, anstatt zu sagen: „Danke, gut, und dann bis bald!" Ich formulierte, worüber ich gerade nachdachte und wofür ich noch keine Idee hatte. Ich sage offen heraus, worin ich unsicher war und was fehlte.

Und was passierte? Ich bekam den Tipp, mich an eine ganz bestimmte Stiftung zu wenden. Eine Woche später hatten wir die Förderzusage. Welch ein Geschenk!

Ich war zwar nie ängstlich gewesen, aber mir hatte der Mut gefehlt. Der Mut, auf Impulse zu hören, und die Kraft, nach dem Gehörten zu handeln. Mir fehlte das Vertrauen, dass das Gehörte das Richtige sei, und mir fehlte die Hoffnung, dass es auch wirklich bis dahin kommen würde, zu diesem Richtigen, zum Guten.

Ich bin heute sogar so mutig, die eine oder andere Beziehung ziehen zu lassen, wenn ich merke, dass die Gespräche mit diesem Gegenüber mich nicht weiterbringen, wenn ich spüre, dass wir im Grunde aneinander vorbeireden und uns gar nicht wirklich verstehen. Ich bin so mutig, mir zu erlauben, die Menschen ziehen zu lassen und offenzuhalten, ob sich unsere Wege eines Tages doch wieder zusammenfinden oder vielleicht auch nicht. Und wenn nicht, dass auch das in Ordnung ist, weil nicht jede langjährige Beziehung zu einer Lebensbeziehung werden kann, ob in Freundschaft oder Beruf.

Diesen Mut besaß ich lange Jahre nicht. Und dieser Mut tut mir gut. Er bedeutet für mich auch, ein Stück der ständigen Selbstoptimierung durch Akzeptanz zu ersetzen. Ihn jetzt zu spüren, bedeutet für mich ein großes Stück Freiheit. Ich fühle mich freier in dem Wissen, dass ich am stärksten bin, wenn ich mich mit Gott verbunden weiß und wenn ich meine Kräfte mit denen anderer Menschen verbinde, als in dem Anspruch, stets mit meinen eigenen Kräften auskommen zu wollen. Denn heute weiß ich, dass ich, nur auf mich gestellt, verloren wäre.

Und ich weiß, dass dieses Verbundensein nichts ist, wovor ich Angst haben muss; wie früher, als ich dachte, ich müsse alles allein können, schaffen und leisten.

Im Gegenteil. Zu wissen, dass ich mich darauf verlassen kann, dass da ein Netz ist, das mich auffängt, wenn ich falle, dass da eine Hand ist, die mich umfasst, dass da eine unversiegbare Quelle an Energie ist, von der ich trinken kann: Das lässt mich Dinge tun, die ich alleine nie versucht hätte.

Tu, was dir vor die Hand kommt; denn Gott ist mit dir.

1. SAMUEL 10,7

Es gibt Menschen um mich herum, die meinen es so gut mit mir, dass ich es kaum fassen kann. Die mir Gutes tun, ohne jegliche

Gegenleistung dafür zu erwarten. Die mir helfen mit allem, was sie haben. Die mich lieben, obwohl ich sie verletzt habe. Die mir vertrauen, obwohl sie mich kaum kennen.

Immer wieder erlebe ich, wie die Kraft Gottes wirkt. Klar kann man jetzt sagen: Vielleicht sind diese Menschen ja ganz allein aus sich heraus so gut zu dir? Was, bitte schön, hat Gott damit zu tun?

Das hätte ich vor zehn Jahren auch so gesagt. Ich sehe das heute aber anders. Und ich erlebe es anders. Wirklich bedingungslose (Nächsten-)Liebe und die größte Wertschätzung, den ehrlichsten Respekt, die echteste Authentizität, die vertraulichste Offenheit und die uneigennützigste Unterstützung erlebe ich in der Regel mit Menschen, die mit Gottvertrauen und Gottes Geboten leben.

Hätte ich dieses Vertrauen in Gott und auf die Unterstützung, die ich von anderen Menschen bekommen kann, nicht gefunden: Ich hätte so einiges von dem, was ich seither getan habe, niemals getan. Denn mir allein hätte ich das nicht zugetraut. Und schließlich dachte ich ja stets, ich sei allein – natürlich nicht wirklich und nicht im praktischen Alltag. Aber im tiefsten Grunde eben doch.

Ich dachte, wenn ich wirklich bis ans Ende meiner Gedanken gehe, dann kommt da nichts mehr außer mir selbst.

Heute wartet da immer noch Gott auf mich, selbst in der dunkelsten Ecke.

Als im Herbst 2018 ein Künstler bei mir im Büro stand und mich fragte, ob ich nicht einmal in seiner Galerie ausstellen möchte: Da hätte ich beinahe die Antwort gegeben, die ich ein paar Jahre zuvor gegeben hätte. Sie hätte in etwa gelautet, dass ich mich sehr geehrt fühlte, wirklich sehr geehrt, ich das aber auf keinen Fall (leisten) könne.

Stattdessen sagte ich Ja.

Einfach nur Ja.

Mir wird schon etwas einfallen, dachte ich. Mir wird schon jemand dabei helfen, dachte ich. Statt: Was soll mir da nur einfallen? Wie soll ich das bloß schaffen, ganz allein?

Der Künstler hatte mich angesprochen, weil ich bei einer Gruppenausstellung in dem Haus, in dem meine Kollegin und ich mir ein Büro teilen, eine Reportage auf eine etwas andere Art gezeigt hatte, als den Text auf einem Stück Papier auszudrucken und ihn an die Wand zu hängen.

Es war eine Ich-Reportage über den Nacktwanderweg in der Lüneburger Heide (ja, ich trug dabei Schuhe, sonst aber nichts – das war übrigens auch eine Prüfung!), und diesen Text hatte ich auf mehrere Bögen verteilt an Hosenbügel auf einen rollbaren Kleiderständer gehängt. Der Künstler forderte mich nun auf, mehr solcher Objekte zu bauen. Und ich? Lief vor Scham rot an, weil mir erst beim Aufhängen der Bögen klar geworden war, dass der Inhalt der Reportage und die Form der Darstellung echt gut zusammenpassen. Geplant hatte ich das allerdings ganz und gar nicht. Es war eher passiert als konstruiert.

Nun denn, eine verrückte Kraft in mir antwortete auf seine Frage jedenfalls mit Ja, und das, was daraus folgte, war eine Bereicherung meines privaten und beruflichen Lebens in einer intensiven Form, wie ich sie ohne diese Aufforderung von außen mit großer Sicherheit niemals erlebt und initiiert hätte. Ich wäre schlicht und einfach nicht auf die Idee gekommen.

Ich habe damals drei Dinge erlebt: Erstens, dass ich den Mut habe, etwas zu tun, zu dem nicht ich selbst mich ansporne, sondern jemand anderes. Zweitens, dass es überhaupt jemanden gibt, der etwas in mir sieht, das ich selbst nicht gesehen hatte, und zu dem er mich ermutigen möchte. Und drittens, dass mich genau das in einer Form bereichert und mir Erfahrungen ermöglicht, die ich ohne diesen Anstoß nicht gemacht hätte. Dass ich gemeinsam mit anderen etwas erreicht habe, das ich mir selbst niemals hätte vorstellen können.

Für die zugesagte Ausstellung setzte ich mich mit Porträts noch einmal neu auseinander, die ich bereits geschrieben hatte. Immer ging es um Menschen mit besonderen Biografien. Ich versuchte mir noch stärker als beim bloßen Schreiben des Textes vorzustellen, wie es wohl ist, wenn man so etwas erlebt, wie meine Protagonisten es erlebt haben, und wie ich dieses Erlebte nicht nur in Worten, sondern auch in Formen darstellen kann.

Die Menschen selbst brachten mir dabei das größtmögliche Vertrauen entgegen: Sie ließen nicht nur zu, dass ich ihre Geschichte auf eine neue, unbekannte Weise erzähle, sondern sie ließen mir auch freie Hand, diese Geschichte in eine weitere Dimension zu überführen, sie in ein Objekt zu verwandeln.

Der Text über eine hochsensible Frau zum Beispiel hängt auf goldenen Blättern an einem Mobile. Der über die Angehörigen eines im Wald ermordeten Mannes liegt auf dem Boden, unter ein wenig Erde aus eben jenem Wald. In dem Papier über die Mutter einer erstochenen Frau stecken Nadeln, und die Geschichte über eine ungewollt kinderlose Frau steht in Spiralen auf einer Scheibe mit einem Loch in der Mitte, die sich drehen lässt.

Immer waren es wir beide, die wir uns öffneten. Sie, indem sie sich mir anvertrauten, ich, indem ich ihre Geschichten in meinem Herzen durchfühlte.

Zwischendurch hatte ich Angst, die Ergebnisse würden nicht gut genug werden. Das alles würde niemanden interessieren. Die Texte niemanden berühren. Die Objekte niemand verstehen. Ich hatte Angst, dass mir nichts einfallen wird oder ich meine Einfälle nicht umsetzen kann, und wenn es nur technisch bedingt ist.

Und es gab Momente, in denen ich das Gefühl hatte, das, was ich da gerade tat, war das Beste, was ich je getan habe im Leben. Dass mir immer wieder Ideen kommen werden, die Quelle nie versiegen wird.

Ich habe gezittert und geweint, war stolz und sehr bewegt, zutiefst erschöpft und in höchstem Maße zufrieden. Die Arbeit an diesen Objekten hat mich so sehr berührt, wie es noch nie eine Arbeit getan hatte. Ich werde diesem Menschen immer dankbar sein, dass er mich dazu animiert hat, sie zu wagen. Und Gott danke ich für meinen neuen Mut.

28

Wenn mir etwas fremd ist

*Der Herr, dein Gott, hat dich gesegnet in
allen Werken deiner Hände.*

5. Mose 2,7

Zwar fühle ich mich den meisten Dingen gegenüber, die mir bei
meinen ersten Gottesdienstbesuchen durchaus fremd waren, mittlerweile zugewandt und nah: dem Klang der Orgel zum Beispiel,
den abwechselnden Gesängen und manch festgeschriebenen Ritu-
alen der Liturgie im lutherischen Gottesdienst, dem Abendmahl.

Doch es gibt auch Bereiche, die sind mir bis heute fremd. Ich
kann und möchte zum Beispiel das Glaubensbekenntnis noch nicht
mitsprechen, so, wie es in den Gottesdiensten meiner Kirchen gesprochen wird. Ich habe zwar einmal ein modernes Glaubensbekenntnis gehört von meiner Pastorin, das ich ohne zu zögern sofort auswendig lernen und jedes Mal voller Inbrunst mitsprechen
könnte. Aber es gelingt mir noch nicht, auch an diesen Stellen simultan zu übersetzen. Mein innerer Dolmetscher funktioniert da
noch nicht. Und die Worte, die nun einmal üblich sind zu sprechen,
die kommen mir nur schwer über die Zunge. Und bevor ich sie oder
Teile von ihnen aus ganzem Herzen mitsprechen kann, höre ich lieber zu und denke darüber nach, wie ich sie verstehen könnte und ob
ich sie wohl eines Tages mitsprechen werde.

Das nämlich finde ich wirklich spannend zu beobachten: wie
sich mein Verständnis und mein Empfinden immer wieder und

noch immer wieder neu justieren und erweitern. Mein neues Universum ist nämlich immer wieder für eine Überraschung gut.

So passierte es knapp zwei Jahre nach meiner Konfirmation, dass ich auf einmal doch wagte, das Glaubensbekenntnis mitzusprechen. Der Grund war relativ simpel: Der Pastor konnte Gedanken lesen. Er hatte das Glaubensbekenntnis eingeführt mit der Bitte, dass wir uns bewusst sein mögen, dass diese Worte sehr alt seien und dass wir sie heute anders formulieren würden. Dass mit Sicherheit viele von uns diese Formulierungen von selbst nicht so wählen, sondern ganz andere Worte und Bilder nutzen würden für das, was wir empfinden. Und dass wir deswegen bloß kein schlechtes Gewissen haben sollten.

Ich musste fast lachen, so sehr hatte ich das Gefühl, dieser Mann könne hinter meine Stirn gucken. Und tatsächlich habe ich in diesem Gottesdienst ausprobiert, wie es sich anfühlt, etwas von dem laut auszusprechen, das ich so auf diese Weise niemals sagen oder fühlen würde.

Es war gar nicht so schlimm.

Anders ist es mit dem Vaterunser. Dieses Gebet habe ich nie bewusst auswendig gelernt. Ich habe einfach begonnen, zaghaft einige Stellen mitzusprechen, die ich mochte. Und mittlerweile liege ich sogar manchmal im Bett und spreche es allein oder zu zweit mit dem Menschen neben mir, weil ich das Gefühl habe, dass es mich stärkt, es zu sprechen.

Da ist sogar der Begriff „Vater im Himmel" für mich nicht mehr so fremd wie vor ein paar Jahren, ich kann mit vollem Herzen und ganzem Verstand sagen, dass ich hoffe, dass sein Geist komme und sein Wille geschehe. Ich finde es gut, darauf zu blicken, was gerade ist („gib uns heute"), und mich nicht ständig darauf zu konzentrieren, was war (oder nicht war) und/oder was sein wird.

Wenn ich sage: „Vergib uns unsere Schuld", dann meine ich das auch so. Dann denke ich an meine Schuld und wünsche mir inständig, dass sie mir vergeben wird. Natürlich nicht jedes Mal an sämtliche Schuld, die ich spüre, sondern mal an die eine, wenn diese gerade sehr präsent oder noch nicht besonders alt ist, und wenn diese weniger schwer wird, dann wieder an eine andere von ganz früher, aus meiner Kindheit. Und bei „wie auch wir vergeben unseren Schuldigern" denke ich tatsächlich ganz konkret an Menschen, die mich sehr verletzt haben und denen ich vergeben will.

Ich liebe die Stelle „denn dein ist das Reich und die Kraft und die Herrlichkeit", ich atme dabei immer bis tief in den Bauch ein und freue mich, dass es diese Kraft gibt und dass ich zu ihr gefunden habe. Dieses Gebet spreche ich mittlerweile wirklich sehr gerne mit, und wenn ich beim Glaubensbekenntnis äußerlich beinahe stumm bleibe, komme ich mir trotzdem nicht fehl am Platze vor. Ich weiß, dass ich so stark mit dieser Kraft verbunden bin, die Gott ist, dass ich mir sicher bin, dass es völlig in Ordnung ist, wenn ich dort stehe und denke, anstatt zu sprechen.

Es passiert auch immer wieder, dass ich im Gottesdienst sitze und denke: „ach so!" So hatte ich zum Beispiel lange mit Begriffen wie „Richter" und „Gericht" große Probleme, wenn es um Gott geht. Und dann sitze ich eines Sonntags in meiner Lieblingskirche und höre, dass das „Gericht" am Ende des Lebens so etwas sein könne wie eine Bilanz. Und wieder war mein Universum ein Stück weiter geworden. Ich finde das großartig: Ich sitze da, nichts ahnend und nichts erwartend, und gehe mit völlig neuen Gedanken und Perspektiven nach Hause.

Ich finde es deswegen eher spannend als schlimm, dass ich noch immer nicht alles verstehe, dass ich mir noch immer nicht von „allem" eine Vorstellung gemacht habe oder machen kann und dass ich bestimmte Rituale nicht mitmache – oder noch nicht.

Zwar hatte ich vor meiner Konfirmation kurzzeitig den Anspruch, schnell noch alles verstehen zu wollen, bevor der große Tag kommt. Ja, diese Vorstellung hatte ich tatsächlich für eine kurze Weile: die Vorstellung, ausreichend viele Gespräche mit meiner Pastorin vor meinem Fest führen zu können, um all meine Fragen stellen zu können und die Gewissheit zu haben, dass sie beantwortet werden.

Sie lachen wahrscheinlich schon, weil Sie wissen, dass dies unmöglich war und ist und sein wird. Das habe ich zum Glück auch ziemlich zügig kapiert und mir diesen Gedanken flott wieder abgewöhnt. Nicht nur, weil ich merkte, dass eine einzige Frage sich über mehrere Gespräche hinweg ausdehnen kann und sich aus den Gesprächen über eine Frage gleich die nächsten Fragen ergeben. Nicht nur, weil es bei dieser Art von Fragen gar nicht um ein Abarbeiten und Abhaken in der Erledigungsliste des Alltags geht.

Und auch nicht nur, weil ich ohnehin längst gemerkt hatte, dass ich manche Textstellen in Liedern, manche Gebete und manche Zitate aus der Bibel nach dem x-ten Mal Hören oder Lesen auf einmal klar und deutlich auf mich beziehe, begreife und nahezu körperlich empfinde – nachdem sie mir etliche Male zuvor nicht viel bedeutet hatten.

Sondern auch, weil ich es viel spannender finde, wenn es noch Brechungen und Spannungen gibt zwischen mir und meiner neuen Heimat, meiner gefundenen Zuflucht, meinem Trost und meiner Hoffnung, meinem Hort der Ruhe und des Friedens. Was wäre es schließlich, wenn da alles klar und geklärt wäre?

Es wäre langweilig. Es wäre wie eine Oper, die so inszeniert wird, wie es im Libretto steht.

29

Wenn mich etwas enttäuscht

*Das Wort Gottes
kann man nicht in Fesseln legen.*

2. Timotheus 2,9

Es gibt Gottesdienste, die in mir mehr Fragen aufwerfen als beantworten. Ich war einmal in einem Gottesdienst, da kündigte der Pastor am Anfang seiner Predigt an, heute über das Menschsein zu sprechen. Ich dachte, oh, prima, das ist ja interessant. Er erklärte, dass man über das Menschsein sprechen könne, indem man den Menschen mit dem Tier in Beziehung setzt, Menschen untereinander in Beziehung setzt oder den Menschen mit Gott in Beziehung setzt.

Die Predigt ließ mich ratlos zurück. Und wütend war ich auch.

Für den ersten Teil, den Vergleich zwischen Mensch und Tier, zitierte der Pastor das erste Buch Mose. „Und Gott sprach: Wir wollen Menschen machen nach unserm Bild und uns ähnlich; die sollen herrschen über die Fische im Meer und über die Vögel des Himmels und über das Vieh auf der ganzen Erde, auch über alles, was auf Erden kriecht! Und Gott schuf den Menschen ihm zum Bilde, zum Bilde Gottes schuf er ihn; männlich und weiblich schuf er sie. Und Gott segnete sie und sprach zu ihnen: Seid fruchtbar und mehret euch und füllet die Erde und machet sie euch untertan und herrschet über was auf Erden kriecht!"

Schon beim Hören dieser Sätze widerstrebte mir ihr Inhalt. Ich verstand nicht, warum der Mensch über die Vögel im Himmel herrschen solle, warum sollten die Vögel nicht frei bleiben? Ich fand keine innere simultane Übersetzung für diese Formulierung, nahm sie daher wörtlich und fühlte mich fremd.

Warum bitte soll der Mensch die Macht über alle anderen Lebewesen haben? Wäre es nicht viel eher angebracht, eine friedliche Ko-Existenz anzustreben? Bei den Gedanken an das Vieh auf der ganzen Erde können Sie sich denken, woran ich sofort dachte: Schlachthofskandale, Tierfabriken, all das, was der Mensch Furchtbares tut, indem er über das Vieh herrscht.

Der Pastor sagte dann noch einen Satz, nämlich, dass der Mensch all das eben auch bewahren solle – und wechselte das Thema. Es ging nun um das Verhältnis der Menschen untereinander.

Ich aber saß da und dachte, wie lässt sich in Zeiten von Massentierhaltung und Tierquälerei in Versuchsanstalten Mose zitieren und dann nicht in einen weiteren Zusammenhang stellen? Nichts weiter dazu sagen, unter welchen Bedingungen diese Zeilen zu ihrer Entstehungszeit geschrieben wurden und warum, und anschließend, wie sie heute zu lesen und zu verstehen wären? Mehr eigene Gedanken dazu formulieren, anstatt bloß die Worte aus der Bibel zu lesen und nahezu unkommentiert stehen zu lassen?

Hätte ich diese Predigt ein paar Jahre früher gehört, sie hätte zu den Erlebnissen gezählt, die mir zeigten, dass Kirche mir keine Themen bietet. Dass Kirche mich nicht interessiert. Nichts für mich ist. Quod erat demonstrandum. Was zu beweisen war.

Ich vermisste in diesem Gottesdienst das, was ich in den Jahren zuvor so häufig erlebt hatte: dass ich mit einem neuen Gedanken aus der Kirche ging. Dass ich mich auf dem Nachhauseweg und darüber hinaus mit den Ideen beschäftigen wollte, die ich in der Predigt gehört hatte.

Was sich geändert hat in der Zeit dazwischen ist, dass mich ein solches Erlebnis zwar enttäuscht, ich den Besuch des Gottesdienstes aber dennoch nicht bereute. Denn anstelle der Predigt hat mich hier etwas anderes gerührt: der Blick des Pastors über seine sehr überschaubare Gemeinde zu Beginn, sein Lächeln zum Segen am Ende und die Worte Jesu auf dem Tuch über dem Lesepult: „Ich bin das Licht der Welt."

Als ich meine Eltern in Vorbereitung auf meine Konfirmation fragte, wie eigentlich mein Taufspruch laute, und sie mir diesen nannten, „Ich bin das Licht der Welt", also Johannes 8,12, da war mir der Spruch bereits sympathisch. Denn ich mag es hell, ich mag die Sonne, ich mag Licht, und ich konnte lächeln, als ich die Worte las: „Ich bin das Licht der Welt. Wer mir nachfolgt, der wird nicht wandeln in der Finsternis, sondern wird das Licht des Lebens haben."

Richtig verstanden habe ich den Gedanken meines Taufspruches aber erst in dieser kleinen Dorfkirche, als er einen Gottesdienst lang vor mir hing und ich, weil mich die Predigt so wenig ansprach, die Zeit hatte, diesen Satz von Jesus immer und immer wieder zu lesen: „Ich bin das Licht der Welt."

Wie schön ist das denn? Dass Gott die Liebe ist, fand ich ja schon wunderbar. Aber auch das Licht? Was wäre bloß ein Leben ohne Licht? Als ich mit diesem Gedanken meinen ganzen Körper füllte, wurde meine Wut über die für mich missglückte Predigt schon ein bisschen weniger wichtig.

Jahre nach diesem Gottesdienst hörte ich noch einmal etwas über dieselbe Bibelstelle, und zwar in dem Podcast „Unter Pfarrerstöchtern". Sabine Rückert und Johanna Haberer sprechen darin über die Bibel. Das Hören war eine Offenbarung für mich und ist es immer wieder. Meine Wahrnehmung von Texten und

Zitaten aus der Bibel verändert sich mit jeder einzelnen Beschäftigung damit. Was ich früher kurzerhand ablehnte, weil ich es nicht oder vielleicht auch falsch verstand, das macht mich heute neugierig: Warum steht da etwas, das ich nicht nachvollziehen kann?

30

Zweifelst du denn nie?

Ihr sagt: „Der Herr handelt nicht recht."
So höret nun, ihr vom Hause Israel:
Handle denn ich unrecht? Ist's nicht
vielmehr so, dass ihr unrecht handelt?

HESEKIEL 18,25

Wenn mich jemand fragt, ob ich nicht manchmal zweifle: Dann frage ich, woran denn? Zweifel kann ja nur in Beziehung zu einer konkreten Vorstellung entstehen. Wenn wir also über Zweifel reden wollen, müsste als Erstes klar sein, woran genau mein Gegenüber zweifelt.

Wenn mich jemand fragt, warum Gott Unfälle zulässt, dann sage ich, dass der Mensch das Auto erfunden hat und daher auch die Verantwortung trägt für die Risiken, die mit dieser Erfindung einhergehen.

Wenn mich jemand fragt, warum Gott zulässt, dass Kinder missbraucht werden, dann sage ich, dass es die Entscheidung eines Menschen ist, dies zu tun.

Ich erkläre mir das so: Gott hat den Menschen die Entscheidung überlassen, Jesus zu ermorden. Gott hat die Menschen dieses Verbrechen begehen lassen. Hat ihnen die Freiheit geschenkt, ihm die schlimmste Qual anzutun, die ein Vater erleben kann. Hat zugelassen, dass ihm der größtmögliche Schmerz widerfährt,

175

den ein Vater spüren kann. Gott hat zugelassen, dass sein Kind stirbt.

Gibt es etwas Furchtbareres? Und gleichzeitig Wertvolleres? Wir sind dadurch zu den freiest vorstellbaren Lebewesen geworden. Wenn ich heute in einem Gottesdienst höre, dass es in einem Gebet heißt: „Greif ein" – zum Beispiel bei Themen wie Krieg, Rassismus, Flucht, Gewalt –, dann ist das daher nichts, worum ich selbst bitten würde. Ich würde es stattdessen so formulieren: „Hilf uns einzugreifen!"

Ja, ich verstehe viele Geschichten aus der Bibel (noch) nicht und kann mit vielen von ihnen auch (noch) nichts anfangen. Ja, und? Das schafft doch nur Neugier auf das, was noch kommen mag an Ideen, an Interpretationen, an Impulsen.

Es wartet auch noch ein Buch darauf, von mir gelesen zu werden: „Bibel für Neugierige". Denn an die Bibel selbst im Ganzen habe ich mich noch nicht herangetraut. Ich freue mich aber richtiggehend darauf, erst das eine und dann das andere Buch zur Hand zu nehmen – hatte mir „Gott für Neugierige" doch schließlich den Horizont geweitet.

Ich finde es spannend, aus den uralten Geschichten Bezüge zu unserem heutigen Leben zu ziehen. Ich finde es faszinierend, wie lange schon sich die Menschen mit denselben Fragen herumschlagen und wie viele Möglichkeiten der Übertragung des Alten ins Gegenwärtige es gibt, eben ein wenig wie im Regietheater, wo es ebenso darum geht, frühere Stoffe ins Jetzt zu übersetzen.

Es geht mir um den einen oder anderen in den überlieferten Worten versteckten Rat oder Trost – und darum, auf neue Gedanken darüber zu kommen, was im Alltag Sinn ergibt und was zu nichts führt außer zu Unzufriedenheit und Energieverlust. Es geht mir um die ruhige und beruhigende Kraft, die sich aus Glaube, Liebe und Hoffnung schöpfen lässt. Für das, worauf ich vertraue, kann es keinen Zweifel geben. Da kann es am Ende nur noch um Begrifflichkeiten gehen.

Und doch frage ich mich manchmal, was denn wohl werden wird aus meinen Fäden voller Glaube, Liebe und Hoffnung, wenn ich einmal in eine echte Not geraten werde. Wenn ich etwas erlebe, das so viel Unglück und Trauer bedeuten wird, wie ich es noch nie im Leben erlebt habe. Wenn mir mein Glück aus dem Herz gerissen wird und meine Seele taumelt.

Was dann?

Glaube ich dann immer noch?

Bin ich dann immer noch so dankbar für das, was ich seit einigen Jahren erlebe? Wie ich empfinde und fühle, denke und entscheide?

Vertraue ich dann immer noch?

Kann ich dann noch immer hoffen?

> *„Ich glaube, dass Gott uns in jeder Notlage so viel Widerstandskraft geben will, wie wir brauchen. Aber er gibt sie nicht im Voraus, damit wir uns nicht auf uns selbst, sondern auf ihn verlassen."*
>
> DIETRICH BONHOEFFER

Auf mich selbst habe ich mich viele Jahre lang verlassen. Das hat zwar irgendwie funktioniert. Aber es ließ immer eine Lücke.

Am Morgen des Tages, nachdem ich die Sätze darüber geschrieben hatte, was wohl aus meinem Vertrauen wird, wenn mir das Glück aus dem Herz gerissen wird und meine Seele strauchelt, las ich folgende Tageslosung:

Der Herr wird's vollenden um meinetwillen.
<small>PSALM 138,8</small>

Paulus schreibt: Ich bin darin guter Zuversicht, dass der in euch angefangen hat das gute Werk, der wird's auch vollenden bis an den Tag Christi Jesu.
<small>PHILIPPER 1,6</small>

Tja, was soll ich sagen. Das ist es wieder, das große Vertrauen.

31

Klopf klopf

Bittet, und es wird euch gegeben;
sucht, und ihr werdet finden;
klopft an, und es wird euch geöffnet.
Denn jeder, der bittet, empfängt,
und wer sucht, findet,
und wer anklopft, dem wird geöffnet.

MATTHÄUS 7, 7-8

Das Witzige ist, dass ich meinen Weg genau anders herum wahrnehme. Ich habe das Gefühl, Gott hat bei mir angeklopft, und ich habe ihm geöffnet. Ohne diese Passage bei Matthäus gekannt zu haben, hatte ich in die Einladungen zu meiner Konfirmation geschrieben, dass Gott an meine Tür geklopft hat.

„Wie gut, dass du gerade zu Hause warst!" Das schrieb eine meiner Gäste in ihre Antwortkarte an mich. Ja, wie gut. Dabei bin ich mir sehr sicher, dass Gott nicht nur ein Mal bei mir geklopft hat. Mit Sicherheit hatte er schon sehr häufig geklopft, bevor ich die Tür das erste Mal einen Spalt öffnete. So manches Mal habe ich das Klopfen gar nicht gehört, ein anderes Mal wollte ich nicht zur Tür gehen, weil ich keine Lust auf Überraschungsgäste hatte und keine Energie, Neues kennenzulernen, auszuprobieren und mich darauf einzulassen.

179

Ich bin sicher: Ganz häufig habe ich Gott nicht aufgetan, als Ersiees angeklopft hat. Aber Gott war geduldig.

Gott hat mich ziehen lassen, als ich weg von ihm wollte. Gott hat es mir nicht übelgenommen, dass ich mit ihm nichts anzufangen wusste. Gott hat es mir nie vorgeworfen, dass ich mit seiner Kirche nichts zu tun haben wollte. Gott hat einfach gewartet. „Sehnsüchtig" zwar, wie in seinem Brief zu meiner Konfirmation steht, aber geduldig.

Gott hat mir freie Hand gelassen.

So lange, bis ich von selbst begann, nach ihm zu suchen. Zu erforschen, was das da ist, das mich so packt in den kleinen Kapellen auf dem Land. Warum ich dort einfach sitzen bleiben möchte, ohne etwas zu tun. Warum sie mich so anrühren, dass ich in ihren Mauern auf einmal weine.

So lange, bis ich von selbst begann herauszufinden, warum es so neu für mich ist, was ich höre, wenn Pastorinnen und Pastoren oder andere Glaubende etwas sagen, ob im Gottesdienst, Interview oder persönlichen Gespräch. Und was genau daran eigentlich so neu und anders ist als das, was ich all die Jahre zuvor gewohnt war zu hören. Wo der große Unterschied liegt.

Ich weiß, dass dieses Finden nur als das ganz große Paket funktioniert hat. Und zwar ohne Adressaufkleber. Stellen wir uns vor, der Absender sei Gott, ja, dann steht als Adressat natürlich mein Name auf dem Paket. So meine ich das aber nicht, wenn ich sage, dass dieses Paket keinen Adressaufkleber besitzt. Ich meine damit, dass das Paket kein Ziel hat. Keinen Zweck. Keine Bestimmung im Sinne von Nutzen.

Ich habe nicht nach Gott gesucht, um etwas Konkretes zu finden. Und schon gar nicht das, was ich mit Gott gefunden habe: Liebe, Hoffnung, Vergebung. Frieden, Ruhe, Trost. Wahres Glück.

Nach der Vergebung, die ich später auf verschiedenste Weise erleben sollte und immer stärker spüre, hatte ich nicht gesucht.

Nach Liebe nicht, nach Trost nicht und nach Hoffnung auch nicht, ich wusste ja schließlich noch nicht einmal, wie sehr sie mir gefehlt hatten.

Frieden und Ruhe, das waren am Anfang meiner Feldforschung Begriffe, die ich zwar kannte, aber nicht mit meinem Inneren in Verbindung brachte. Wenn mir jemand wohlmeinend sagte, ich solle doch mal zur Ruhe kommen, dann wusste ich zuerst nicht, was die Person genau meinte, und empfand es später als Grenzüberschreitung. Und Glück, das war ja ohnehin etwas, das zu groß für mich schien, als dass ich es jemals empfinden können werde.

„Ich will dich zur Ruhe leiten", heißt es in 2. Mose 33, 14. Genau das ist mir passiert. Gott hat mich zur Ruhe gebracht. Zu Friede und Glück. Zur Einsicht, dass meine Grenzen gut sind, so wie sie sind. Gott hat meinen Grenzen Frieden geschenkt.

Glaube ist ein Weg, auf den ich mich wagte, wenn auch zunächst unbewusst: Glaube als Vertrauen, Glaube als Hoffnung, Glaube als Liebe. Ich wusste nicht, was passiert, wenn ich auf einmal versuche zu vertrauen, anstatt steuern zu wollen, loszulassen, statt die Zügel in der Hand zu behalten.

Ich hatte kein konkretes Ziel vor Augen, sah zunächst noch nicht einmal einen Nutzen darin, verband keinen Wunsch damit und nahm mir das Ganze auch nicht vor im Sinne einer bewussten Persönlichkeitsoptimierung.

Ich merkte nur, dass ich so, wie ich bislang lebte, nicht weiterkam. Und nach und nach, Erlebnis für Erlebnis, Gespräch für Gespräch, Gottesdienst um Gottesdienst, Qual um Qual, Dank um Dank spürte ich, was anders ist, wenn ich glaube, wenn ich hoffe, wenn ich vertraue.

Gott ist mein Kompass, Gott kann mein Trost sein und meine Hoffnung, gibt mir Mut und schenkt mit Kraft. Gott inspiriert mich und beruhigt mich, lässt mich vergeben und demütig sein, dankbar und liebend.

Gott ist kein Zentralgestirn, um das mein Planet ständig bewusst kreist. Ich beziehe nicht alles, was (mir) passiert und/oder passiert ist, auf Gott. Und doch ist Gott immer da. Mit Gott ist alles anders. Weil meine Seele endlich Halt hat.

32

Und dann kam alles anders

Und es werden kommen von ferne,
die am Tempel des HERRN bauen werden.

SACHARJA 6,15

Hätte mir jemand vor zehn Jahren dieses Zitat vor die Nase gehalten, ich hätte mir an die Stirn getippt. Allein der Begriff „Tempel" hätte mich schon abgestoßen, denn einen Tempel hätte ich als protzig empfunden. Und dann sollte ich noch daran bauen? Nein, danke.

Heute lese ich dieselben Worte ganz anders. Wenn ich an Gottes Tempel baue, dann vielleicht, indem ich anderen etwas von meiner Kraft abgebe, die ich von Gott bekomme.

Wenn jemand sagt, dass ich das, was ich mit Gott, in Kirchen, bei Gottesdiensten und im Kontakt mit Christinnen und Christen gefunden habe, auch anderswo hätte finden können: in der Meditation vielleicht, im Ausdauersport oder eben doch beim Yoga. Dann denke ich: Ja, das kann schon sein.

Ich weiß nur, dass ich es noch nie im Leben geschafft habe zu meditieren, dass mir Ausdauersport auf Dauer zu langweilig und zu anstrengend ist und ich zu disziplinlos dafür bin – und dass ich die erste Yoga-Stunde meines Lebens erst zu einem Zeitpunkt aushielt, ja mich überhaupt traute hinzugehen, als ich schon längst konfirmiert war.

Ich habe nun einmal das, was ich gefunden habe, in, bei und mit Gott gefunden – und darin, was mir die Kirche als Institution und die Kirchen in meiner Heimat und die mit ihr verbundenen Menschen anbieten.

Kirchtürme geben Orientierung, das wurde mir bei der Arbeit an unseren Büchern klar. Eine wahrhaft physische Erfahrung, die ich da machte: Ich sah einen Turm und setzte meinen Körper in Bewegung, in seine Richtung. Und nach und nach spürte ich: Nicht nur die Kirchtürme geben geografische Orientierung. Sondern die Kirchen selbst geben Orientierung. Aus der Physis wurde Psyche, ihre Wirkung rutschte vom Körper in den Geist.

Das Wirkungsvollste für mich kam jedoch noch einen Moment später: Durch die Musik und die Gespräche mit den Menschen, die in Kirchen arbeiten, durch die Atmosphäre und die Energie, die Schwingung in der Luft und zwischen den Menschen, bin ich in einen Bereich meiner selbst vorgedrungen, um den ich bislang zwar nicht bewusst einen Bogen gemacht hatte. Den ich aber einfach nicht gefunden hatte, weil auch dorthin kein Schild wies, ich keine Landkarte dieser Gegend zur Verfügung hatte. Kirchen sind für mich zum Kompass zu meiner Seele geworden.

In Kirchen habe ich gelernt, dass diejenigen Gefühle, die ich früher als so negativ bewertet habe, auch gut sein können. Dass es mir sogar guttut, Gefühle wie Trauer, Schmerz, Verlust und Verletzung zu empfinden. Weil es besser ist, sie zu fühlen als zu verdrängen. Es macht mich stärker und ruhiger. Ich kann heute darauf vertrauen, dass ich all diese Gefühle aushalten kann. Denn ich bin mit ihnen nicht allein. Und ich werde niemals allein mit ihnen sein. Selbst wenn meine Menschen gerade nicht da sind oder nicht da sein können, selbst wenn ich die Unterstützung von Menschen gerade nicht aushalten und annehmen kann: Gott ist da.

Diese Gewissheit setzt Kräfte frei, die ich vorher nicht kannte. Ich fühle mich viel kräftiger, seit ich lieben, vergeben, vertrauen und hoffen kann.

Einen Menschen in seiner Ganzheit zu lieben, einen Menschen in allem anzunehmen, was mir von diesem Menschen gefehlt hat und was mich verletzt hat, was ich mir anders erhofft und gewünscht habe, ob in einer Liebes-, Familien- oder Freundschaftsbeziehung, und durch dieses Annehmen das große Gefühl der Vergebung spüren zu können: Das ist das Beste, was mir je passieren konnte.

Immer wieder darüber nachzusinnen, wie es wohl gewesen wäre, wenn das eine oder das andere anders gelaufen oder gewesen wäre, wie viel besser es mir hätte gehen können, wenn andere und ich selbst mich anders verhalten hätten, dieses ständige Hadern mit dem, was war, und dem, was mir nicht gelungen ist: Das war anstrengend und ist es immer noch, wenn ich zurückfalle in die alten Gedanken. Denn natürlich ärgere ich mich auch heute, mit Gott, darüber, wie ich mich mitunter verhalte und wie ich mich in der Vergangenheit verhalten habe, natürlich gräme ich mich auch mit Gott über mich selbst.

Aber wenn sich dann das neue Gefühl in mir ausbreitet, dass es nun einmal so war, wie es war, und dass ich das große Geschenk bekommen habe, dass es jetzt anders ist: Dann ist das eine unfassbare Befreiung.

Der Engel des Herrn kam in das Gefängnis und Licht leuchtete auf in dem Raum; und er stieß Petrus in die Seite und weckte ihn und sprach: Steh schnell auf! Und die Ketten fielen ihm von seinen Händen.

APOSTELGESCHICHTE 12,7

Meine Ketten hatten auch darin bestanden zu denken, ich müsste alles schaffen, und das am besten alleine. Weil es alleine einfacher geht, schneller und effektiver. Weil es besser ist, die Dinge alleine zu können.

Dass es nicht schlimm ist, wenn es Dinge gibt, die ich nur gemeinsam mit anderen schaffen kann – sondern gut und wertvoll, und dass die Dinge sogar besser werden, wenn ich sie gemeinsam mit anderen mache: Das habe ich erst mit Gott gelernt.

Ich erlebe, dass ich Unterstützung bekomme, sobald ich danach suche. Ich merke, wie viel leichter und einfacher es sein kann, wenn ich mich für Hilfe öffne – ob für die manchmal nur schwer zu fassende Quelle Gottes oder für die Unterstützung anderer Menschen.

Ich hadere nicht mehr so viel und ärgere mich weniger über mich selbst. Frage mich nicht immer und immer wieder, was ich in all den Jahren meines Lebens hätte anders – natürlich: besser – machen können. Finde schneller zur Ruhe, wenn ich eine Entscheidung im Nachhinein bereue, und wenn es nur darum geht, dass ich mal wieder zu eilig etwas weggegeben habe, von dem ich dachte, ich hätte genug davon und jemand anderes könne es besser gebrauchen – und ich erst ein wenig später spüre, wie viele Erinnerungen ich mit dieser Sache verknüpfe, und heulen könnte, dass ich sie nun nicht mehr bei mir habe.

Selbstverständlich geht mir das auch heute noch so, selbstverständlich bin ich überhaupt nicht immer ruhig und zufrieden, gelassen und entspannt, seit ich mit Gott lebe.

Aber die Momente sind seltener geworden, in denen ich mir Dinge vorwerfe, die ich nicht mehr ändern kann. Und ich bin häufiger in der Lage zu denken: Dann habe ich es eben nicht besser gekonnt. Dann ist es jetzt eben so, und es wird schon gut sein.

Schließlich hat mich ja auch alles, was ich falsch oder weniger gut gemacht habe, zu dem geführt, wie ich heute lebe und als wer.

Vielleicht wäre mir der Einstieg zu dem Weg, der sich mir in den vergangenen Jahren gezeigt hat, gar nicht aufgefallen, hätte ich niemals das Gefühl bekommen, dass da etwas fehlt, dass ich mir immer wieder dieselben Vorwürfe mache und mein Verstand allein zwar ganze Arbeit geleistet hat, all dies durchzupflügen – es eben aber doch nur ein Teil der Arbeit war, und der Rest der Arbeit in der Seele zu leisten war. Das Wunderbare daran: Ich habe das Gefühl, dass ich diesen letzten Teil der Arbeit, nämlich den der Seele, tatsächlich geschenkt bekommen habe. Das, was wirklich guttut – Liebe, Vertrauen, Ehrlichkeit, Respekt, Verständnis, Rat, Begleitung und Unterstützung –, das gibt es, wenn es das gibt, geschenkt.

Ich habe erlebt, wie ich mit Tränen säte und nun mit Freuden ernte. Lange hatte ich mir diese Tränen nicht erlaubt, vielleicht habe ich auch deshalb so wenig wahrhaftige Freude geerntet, sondern eher eine Freude an der Oberfläche. Der Preis für jene Freude war oft überspielte und oder unterdrückte Traurigkeit, das Ablenken von Traurigkeit, der falsche kurze Trost und das Nichtzulassen von Fragen, auf die ich keine Antwort wusste.

Meine Freude kam mir damals zwar gar nicht so oberflächlich vor, wie ich sie hier heute schildere, und sicher war auch überhaupt nicht jede Freude oberflächlich. Echte tiefe Empfindungen, ob Freude oder Liebe, Trauer und Zweifel, kann ich aber erst empfinden, seit ich die Kraft dafür habe. Seit Gott mich in der ersten kleinen Dorfkapelle auf einmal weinen ließ.

Heute kann ich mir ohne die Gewissheit, dass es die Liebe gibt, die ein Netz webt, das mich umgibt und mich auffängt, falls ich strauchle, beziehungsweise ganz konkret: dass es Engelmenschen gibt, die mir ihre Hand reichen und denen ich meine Hand reichen kann, nicht mehr vorstellen zu leben – seit ich erlebt habe, wie gut es ist, in Gottes Hand zu fallen.

Dass ich jemals im Leben so frei, so befreit, so tief glücklich leben können werde, war für mich überhaupt nicht vorstellbar.

Und dann kam alles anders.

NACHWORT

Und seid gewiss:
Ich bin jeden Tag bei euch,
bis zum Ende der Welt.

MATTHÄUS 28,20

Als ich anfing, herausfinden zu wollen, worum es da eigentlich geht im christlichen Glauben, habe ich davon gehört, dass es für jeden Tag im Kalender eine Losung gibt: zwei Sprüche aus der Bibel, herausgesucht von der Herrnhuter Brüdergemeine. Ich hörte auch, dass es eine Servicestelle gibt, bei der man die Losung eines weit in der Vergangenheit liegenden Tages erfragen kann. Das machte mich neugierig, und ich schickte der Evangelischen Brüder-Unität Bad Soll eine E-Mail mit der Bitte, mir die Sprüche für den Tag meiner Geburt herauszusuchen.

Seither lasse ich mir die Tageslosung per E-Mail schicken. Ich lese sie fast jeden Morgen. Manchmal lese ich sie, kann nichts damit anfangen und lösche die Mail. Manchmal lese ich sie, kann zunächst nichts damit anfangen, denke ein wenig drüber nach und habe danach eine Idee, was gemeint sein könnte. Oft lese ich sie und denke, ja, das ist ein gutes Ziel, eine gute Richtung für die Ausrichtung des Lebens. Und sehr oft lese ich sie und bin berührt. Fühle mich gestärkt und geborgen.

Dass es diese Losung bereits seit dem Jahr 1731 gibt und dass es sich dabei jeweils um ein Zitat aus dem Neuen Testament und eines aus dem Alten Testament handelt, wusste ich bis vor Kurzem nicht.

Die Texte in der Antwort-E-Mail der Herrnhuter Brüdergemeine für den Tag meiner Geburt lauten:

> *Der Gerechten Pfad glänzt wie das Licht, das immer heller leuchtet bis auf den vollen Tag.*
> Sprüche 4,18

> *Jesus Christus hat euch berufen von der Finsternis zu seinem wunderbaren Licht.*
> 1. Petrus 2,9

Für meine Taufe hatten meine Eltern folgenden Spruch aus Johannes 8,12 herausgesucht:

> *Ich bin das Licht der Welt. Wer mir nachfolgt, wird nicht wandeln in Finsternis, sondern wird das Licht des Lebens haben.*

Welch wunderbare Koinzidenz.

Anhang

ZITATE

Die Bibelverse sind inspiriert durch die täglichen Losungen der Evangelischen Brüder-Unität – Herrnhuter Brüdergemeine. www.herrnhuter.de und www.losungen.de

Barrymore, John
https://www.aphorismen.de/zitat/190037

Bonhoeffer, Dietrich
https://www.dietrich-bonhoeffer.net/zitat/23-ich-glaube-dass-gott-uns-in/

Dethloff, Fanny: Reisesegen
Mit freundlicher Genehmigung der Autorin

Eckhart, Meister: Du brauchst Gott weder hier noch dort zu suchen. Rechte gemeinfrei

Fried, Erich: Es ist was es ist. Liebesgedichte, Angstgedichte, Zorngedichte. © 1983, 1996, 2007 Verlag Klaus Wagenbach, Berlin, Seite 43.

Papst Johannes XXIII: Die 10 Gebote der Gelassenheit, © Libreria Editrice Vaticana.

Vogt, Fabian: Gott für Neugierige: Das kleine Handbuch himmlischer Fragen. © 2020 Evangelische Verlagsanstalt, Leipzig.

LIEDER

„Da berühren sich Himmel und Erde"
Text: Thomas Laubach, Musik: Christoph Lehmann, aus: Gib der Hoffnung ein Gesicht, 1989, alle Rechte im tvd-Verlag, Düsseldorf.

„Wir bauen Brücken über tiefe Gräben"
Text und Musik: Daniela Dicker
Rechte: Daniela Dicker, Berlin (text-und-musik@web.de)

„Möge die Straße uns zusammenführen (Und bis wir uns wiedersehen, halte Gott dich fest in seiner Hand)"
Text und Melodie: Markus Pytlik
© Strube Verlag, München

„Heute wurde ich gesegnet"
Text und Musik: Matthias Kiehn
© Strube Verlag, München

„Aufsteh'n, aufeinander zugeh'n ..."
Text: Clemens Bittlinger, Karl-Josef Piek, Purple Schulz
© Chlodwig Musikedition, Universal/MCA Music, Miau Musikverlag GmbH, Meersburg

„Wie soll ich dich empfangen"
Paul Gerhardt, gemeinfrei